Couvertures supérieure et inférieure
manquantes

ARMORIAL

DU POITOU

ARMORIAL
DU POITOU

ET

ÉTAT DES NOBLES RÉSERVÉS DANS TOUTES LES ÉLECTIONS

DE LA GÉNÉRALITÉ

Par Ordre alphabétique, Paroisse par Paroisse, Élection par Élection

SUIVI DE LA

CARTE ONOMATOGRAPHIQUE
DES MAISONS NOBLES DU POITOU

ET D'UNE

LISTE DES NOMS DES PRINCIPALES FAMILLES MUNICIPALES DE NIORT

CITÉES DANS LES ARCHIVES DE LA VILLE

PUBLIÉ

Par A. GOUGET

Archiviste du département des Deux-Sèvres.

NIORT

ROBIN ET L. FAVRE
RUE SAINT-JEAN, 6.

L. CLOUZOT
RUE DES HALLES, 50.

1866

AVERTISSEMENT.

_____

Les études préparatoires d'un Mémoire sur l'État des terres et des personnes dans le Bas-Poitou depuis l'époque romaine jusqu'à la fin du xviiie siècle, mémoire annoncé ailleurs sous le nom de : L'Agriculture, ont amené l'auteur à s'occuper de l'histoire des familles et à publier aujourd'hui cet _Armorial du Poitou_. Les noms des individus sont comme les feuilles des arbres ; elles paraissent innombrables, elles ont mille formes différentes ; elles s'ouvrent, s'étalent et elles tombent à mesure, afin que d'autres arrivent au soleil. Celles qui durent et se perpétuent, l'œil les contemple et l'esprit en recompose l'existence, depuis le sol qui les a produites jusqu'au terme auquel elles sont parvenues. Celles qui sont tombées ne sont encore pas inutiles ; la science, après des siècles, y trouve ses témoins, la mémoire des passants y reconnaît, selon l'expression ancienne, l'orgueil des bois et la parure de la terre. C'est qu'en effet rien de ce qui a vécu à son heure ne disparaît entièrement, et l'histoire, en parcourant son domaine, retrouve le caractère d'une époque dans le nom des individus comme dans le nom des localités.

Les autres provinces ont leurs armoriaux, mais la province

1

de Poitou n'a jusqu'ici que le livre extrêmement rare, dont on connaît quatre exemplaires, appelé : *Catalogue alphabétique des Nobles de la Généralité de Poitiers* (1). Il ne donne que les noms et résidences des nobles après la Réformation de la Noblesse, en 1667. Il ne fait suivre le nom des familles d'aucune mention historique ou généalogique. Il ne contient que 2,000 noms. Enfin, il ne donne pas les armoiries des familles, ce qui le distingue essentiellement de l'ouvrage que nous présentons aujourd'hui.

La Grande Réformation de la Noblesse, au milieu du XVIIe siècle, fut suivie en Poitou de la publication du Catalogue alphabétique dont chacune des Élections de la Province dut recevoir un exemplaire, aujourd'hui perdu. Mais elle dut être accompagnée de nombreux travaux administratifs, exécutés dans les bureaux de l'Intendance, travaux dont le résumé ne put pas manquer d'être coordonné et adressé ensuite aux Élections de Poitou, tribunaux d'administration chargés d'asseoir les tailles et partant, de juger les questions de noblesse. Le travail que nous publions est tiré d'un manuscrit des Archives des Deux-Sèvres, qui a appartenu à l'Élection de Niort. Ce manuscrit n'a jamais été imprimé ; mais, selon ce qu'on vient de dire, il ne doit pas être unique, puisqu'il doit y en avoir autant d'exemplaires qu'il y a eu d'Élections en Poitou ; et il est possible qu'il ne soit pas le plus complet de ceux qui, inconnus aujourd'hui, peuvent après lui être produits au jour. Ce sera donc le mérite de notre publication qu'elle puisse appeler en témoignage les publications qu'elle aura fait naître, et dans le cas où de nouveaux manuscrits viendraient l'accroître ou la redresser en quelque partie, ce sera encore son mérite d'avoir été la première à traiter la question des armoiries, et à avoir élevé l'idée d'un ARMORIAL du Poitou, puisque tout ce qui a été essayé jusqu'ici n'a eu nécessairement pour objet que de publier les noms sans les armes. .

(1) A Poitiers, chez Antoine MESNIER, imprimeur et libraire ordinaire du Roy et de l'Université. 1667. — 1 vol. petit in-f°, de 151 p.

Il est temps maintenant d'expliquer notre plan et d'analyser ce travail.

Le manuscrit qui en fait le fond principal est un in-folio de 151 pages, relié, et composé de trois parties distinctes. La première, de 122 pages, présente, sous un ordre très peu alphabétique, l'*État des Nobles réservés dans toute la Généralité, Paroisse par Paroisse, Élection par Élection*. C'est le même Catalogue des Nobles de la Généralité dont les exemplaires sont devenus si rares, et dont les extraits certifiés font preuve en faveur des familles qui y ont été inscrites. Mais comme le manuscrit publié ici est d'un temps un peu postérieur au moment de la publication du Catalogue imprimé de Poitiers, on y trouve des noms nouveaux, et, après le nom, des notes généalogiques qui précisent l'état de la famille, avec la date du jugement de maintenue de noblesse. Cette indication précieuse n'existe pas malheureusement pour tous les noms, et c'est en quoi notre travail est jusqu'à présent incomplet. La grande différence de cette première partie d'avec le Catalogue de la Bibliothèque de Poitiers, est la mention que nous donnons des armes de familles; et sa différence d'avec les manuscrits aujourd'hui inconnus, qui peuvent se produire, est qu'ils pourront le compléter s'ils se publient.

La seconde partie, composée de 21 pages, présente, sous le titre bizarre de : *Carte onomatographique des Maisons nobles du Poitou*, un travail inconnu, sans nom d'auteur, et d'après lequel, néanmoins, les questions d'État se déterminaient à l'élection de Niort. Il donne les noms de 320 familles; chacun de ces noms est suivi de ses armes. Ni le Catalogue de la Bibliothèque de Poitiers, ni aucun des manuscrits que nous avons pu connaître, ne contient ce recueil.

Mais occupé depuis longtemps d'études sur la commune de Niort, et dirigé d'ailleurs dans la publication de ce travail par l'idée qu'il pouvait servir de pièces justificatives à ces Études, l'auteur avait à cœur de ramener de la poussière des anciennes chartes, puisque c'est le mot consacré, et de faire revivre une fois les noms glorieux des anciens citoyens de la commune, noms du xiii° et du xiv° siècles, peu nombreux, mais aînés des autres, et que l'éloignement grandit ; noms du xv° siècle, surtout avant l'élévation à la noblesse, en 1461, des vingt-cinq familles municipales dont le nombre et non pas le nom s'est perpétué jusqu'à des temps proches de nous, à travers les orages du xvi° et dont la filiation toute entière, avec le nom des propriétés possédées par elles, se rencontre en 1609 dans les registres manuscrits des délibérations de la commune. Les générations procèdent les unes des autres, le travail accompli par les pères est le bien des enfants, et le champ cultivé par le colon, défendu l'arme au poing par le petit propriétaire, ressemé par le petit-fils après les guerres de cent ans, engagé, racheté, rengagé, partagé par transaction entre l'arrière-petit-fils et le voisin fermier de seigneurie ; ce champ, dont sera propriétaire à son tour le fils de la maison, officier aux guerres de Lorraine et d'Allemagne, ou bien officier de marine, ou bien conseiller du roi, légiste, lieutenant-général dans la sénéchaussée de Poitou ; c'est le champ sacré de la famille, et de toutes familles en même temps, puisque tout ce qui est bien se tient dans le monde. J'ai pensé qu'il serait utile de recueillir dans les chartes de la mairie de Niort, les noms principaux qui y étaient inscrits des anciennes familles municipales, puisqu'elles entraient dans le cadre de l'ARMORIAL, et j'ai fait de la réunion de ces documents un appendice au travail qui est publié aujourd'hui.

Je ne puis pas laisser cette préface sans m'expliquer sur deux points secondaires. Je dois dire pourquoi je n'ai pas mené l'Armorial jusqu'au temps actuel, et je veux parler de l'orthographe des noms que j'ai suivie. Un armorial d'une province aussi riche que le Poitou en noms dont beaucoup sont restés célèbres, et dont quelques-uns se sont trouvés mêlés certainement plus que ceux d'aucune autre province française aux affaires politiques pendant les xvi° et xvii° siècles, ne peut être bien fait qu'à la longue, et c'est assez d'avoir commencé. Montrer la possibilité du travail, se servir de ce qu'on a trouvé d'utile, constater que l'histoire du pays présente une lacune, et appeler à la remplir avec soi ceux qui s'occuperont après du même objet, c'est tout ce qu'il y a d'abord à tenter, et c'est ce qu'on a voulu faire.

Quant à l'orthographe des noms, j'ai suivi celle des manuscrits. On sait du reste que le blason tenait lieu d'orthographe pour les noms des familles nobles; que les noms s'écrivaient indifféremment selon l'oreille, et qu'il n'y a d'orthographe des noms propres que depuis la révolution. Les exemples abondent partout. En ce qui concerne la noblesse, l'idée de l'attacher à la particule *DE* mise devant le nom de famille est tout-à-fait fausse : l'ancienne noblesse ne l'avait pas, et combien de familles nobles ne l'ont jamais eue. La particule *DE* indiquait aussi souvent l'état de servage, et l'absence de nom de famille si commune au moyen-âge, que la possession d'une terre comme seigneur. C'est pourquoi l'on trouvera dans cet ouvrage tant de noms nobles sans la particule, et tant de noms nobles à particule, où elle se trouvera, selon la vraie manière d'écrire, unie au reste du nom.

En livrant ce livre à l'impression, nous publions un travail sujet à beaucoup de critiques; c'est parce qu'il doit être incomplet qu'il est utile à publier afin qu'il soit complété par d'autres, et que le tout ensemble serve à l'histoire du pays.

A. GOUGET.

Niort, juillet 1864.

ARMORIAL DU POITOU.

ESTAT DES NOBLES

RÉSERVÉS

DANS TOUTES LES ÉLECTIONS DE LA GÉNÉRALITÉ,

PAR LETTRE ALPHABÉTIQUE,

PAROISSE PAR PAROISSE, ÉLECTION PAR ÉLECTION.

ÉLECTION DE POITIERS.

A

Anché........ François AUBANEAU, sᵣ de la Moujastière.

Porte : *d'argent à trois têtes de loup arra-chées de sable.*

Azay........ Damoiselle Françoise ADAM, de la famille de ceux de la paroisse de Saint-Saturnin, élection de Saint-Maixent.

Porte Adam : *d'azur au lion d'argent.*

Saint-Constant.. Jacques AGNES, s^r de la Vouste, Escossais d'origine.

Porte Agnes : *de gueule à 3 chevrons d'argent*

Journet........ François ARNAUDET, s^r de la Baillonnière.
Le Vigean..... Philippe AUDEBERT, s^r de Lambuge.
Emmanuel Audebert, s^r des Chapelles.

Porte : *d'azur au sautoir d'or.*

Saint-Sauvant.. Honorat ANCELON, s^r de Fontbaudry.

Porte d'Ancelon : *de gueule semé de fleurs de lys d'argent au franc canton gauche de même à une fleur de lis d'azur.*

Gourgé........ Charles AYMARD, s^r de la Roche-aux-Enfants.

Porte : *de gueule à 3 coquilles d'argent.*

ANGELY, s^r de la Majussière-Fontcrouse, de la Resorce et de Donnefont.

Porte Angely : *d'argent parti coupé à 4 croix raccourcies de sinople aux 4 quartiers.*

B

Jardres........ Charles BESCHILLON, s^r de l'Hercau.
René Beschillon, s^r de la Giraudière.
Louis Beschillon, s^r de Lespinoux.

Porte Beschillon : *d'argent à la fasce de sable fuselée de 3 pièces.*

Poitiers (ville).. François BOISNET, s^r de la Touche-Fressinet.
Saint-Maurice-
de-Sançay .... { Jean Boisnet, s^r de Vernoux.

Louis Boisnet, s^r de la Fremaudière, l'aîné de la famille.

Jean Boisnet, s^r de la Foucaudière.

Porte Boisnet : *d'argent au chef d'azur au lion de gueule brochant.*

Brion........ BEAUREGARD, s^r des Noëes.
Louis de Beauregard, s^r de la Mothe-Cotillon.
Jean Beauregard, s^r de Milly.
Pierre de Beauregard, s^r de Champnoir, aisné du nom.

Porte de Beauregard : *d'or à la bande d'azur, une demie lamproie en chef, et deux en flanc.*

Anché......... Jeanne Bertrand, v^{ve} de Henri DU BELLAY, s^r du Plessis, maintenue noble par arrest des commissaires généraux.

Porte du Bellay : *d'argent à la bande de plusieurs fusées de gueule costoyées de 6 fleurs de lys d'azur 3 de chaque côté.*

Saint-Secondain. Raymond BROUILLAC, s^r des Bodinières.
Abraham Brouillac, s^r des Bodinières, et sa sœur.

Porte de Brouillac : *d'argent à 5 mouchetures d'hermines mises en sautoir.*

Sanxay...... Damoiselle BONNIN des Forges-Plessis.
Les Forges .... François Bonnin, s^r du Plessias.
François Bonnin, s^r des Forges.
Messieurs de Chalveu, secrétaires du Roy, de Nantes, sont de cette famille.

L'Ile-Jourdain. . Dame Judith Bernard, v^{ve} du s^r Bonnin, s^r de Messignac, aisné de la famille, ci-devant à Sanzay et aux Forges-Bonnin.

Porte Bonnin : *de sable à la croix engrelée d'argent.*

Celle-l'Evêquau . Charles HODIN , sʳ de Puychaut.

    Porte: d'azur à 9 besans d'or mis en pal le long du flanc de l'écu.

Saint-Sauvant. . Jacques BELLIVIER , sʳ de Fontmorao.
Sᵗ-Marsault. . . . Pierre Bellivier, sʳ de Forest.
Le Vigean. . . . . Jacques Bellivier des Palais.

    Porte Bellivier : de gueula à 3 hastelles mornées d'argent.

Rom. . . . . Isaac et Pierre BARRÉ, sʳ de Reigné.
    Jean Barré, sʳ du Bois-de-Luché.
    Pierre Barré, sʳ d'Aubante.
    Louis Barré, sʳ de Vaulion.

    Porte : d'argent à la bande d'azur chargée de 9 coquilles accompagnées de deux merlettes de sable, une en chef et l'autre en pointe.

Meulismes. . . . . Isaac DACONNET, sʳ de la Bouge.
L'Ile-Jourdain. . François Dacconnet, sʳ de la Ronde.

    Porte : de gueule à trois mouches d'or membrées de sable.

Sillars. . . . . . . Jacques BARACHIN, sʳ de la Randerie.

    Porte : de gueule à la bordure sable au lion d'or.

    Dame Marguerite BARBARIN , vᵛᵉ de Louis Guerin, sʳ de la Courtilière : le fils demeure à Lusignan.

        V. Série G.

Latus. . . . . . . Henri BARBE, sʳ de Laage-Courbe.

    Porte : d'argent à 2 lions de gueule supportant un chef d'azur.

Asnières. . . . . . Gaspard BARBONIN, sr de Langalerie. — Idem ci-après à la Rochelle.

Marguerite Bardonin, vve Jean Pinardier, sr du Breuil.

Porte Bardonin : d'azur à 3 molettes d'éperon.

Joseph BÉRAUDIN, sr de Verrines. Maintenu noble par Mr Roullier, par sentence du 20 septembre 1670.

Lectus. . . . . Jacques BERTHELIN, sr de Romagné. Sa mère demeure à Niort.

Porte : d'argent au chevron d'azur accompagné de deux fleurs de lis de même en chef et d'une hermine en pointe, au chef de gueule chargé de trois coquilles d'argent.

Rom. . . . . Gabriel Blanchard, sr du Roux.
Louis Blanchard.

C

Guiray. . . . . . . La Damoiselle Caillebeuf, vve de Maurice de Montsorbier, cy-après à la lettre D. M., à Champagné-Saint-Hilaire.

Rom. . . . . Michel CAILLET, sr d'Isle, des anciens maires de Poitiers.

Porte Caillet : d'azur au lion d'argent armé, lampassé de gueule, à 3 cailles d'argent en chef.

Saint-Mathieu. . Jean CALLUAU, seigneur vicomte de Saint-Mathieu et de l'Oiselerie.

Porte Calluau : d'azur au croissant montant d'argent surmonté d'une étoile d'or.

La Maire...... Jacques CANTINEAU, s' de la Cantinière.

Jacques Cantineau, s' de la Hustière, aîné de la famille.

Damoiselle Françoise Cantineau.

Porte Cantineau : *d'argent à trois molettes d'éperon de sable.*

Adriers....... Damoiselle Elisabeth CHAIGNEAU, v° de Pierre de Mondion, renvoyée ci-après à la lettre D.

Gourgé....... Joseph CHAPELIN, s' des Vaux, mort, — n'a laissé qu'une fille. — La famille en quenouille.

Allonne....... CHARLET, s' de la Poupardière; et encore ceux de la ville de Poitiers.

Porte Charlet : *d'argent à l'aigle esployée de sable et becquée de gueule.*

C'est le contraire. Charlet porte : *d'or à l'aigle esployée de sable membrée et becquée de gueule.* Mesme maison que ceux de Paris et dont estoyt germain Charlet, chevalier de Malthe, commandeur de Saint-Jean-de-Latran, grand bailly de la Morée, frère de feu M' Charlet d'Esbly, conseiller au Parlement, commissaire aux requestes du Palais.

Amaillou...... Nicolas CHASTAGNER, s' de Tennessue.

Louis Chastagner, s' de la Salle.

Idem que ceux de la Roche-Posay, de Saint-Georges, baron du Lindois, Lablouère, et les autres du nom.

Portent : *Chastaigner d'or au lion passant de sinople.*

Saint-Gervais.. . Pons Chastaigner, sr de la Saillidiou. — Idem
     ci-devant avec les autres.

Cuslac . . . . Jacques CHOULLIE, sr de Montchattier et
     de Permangle.
      Porte de Choullie : *d'azur à la fasce d'ar-*
     gent accompagnée de 3 lis du second, feuilles
     et tige de même en chef, à une fleur de lis de
     même en pointe.

La Peyratte.. . . . François CHAUVAIN, sr de Chourl.
La Ferrière.... . Damoiselle Catherine Du Bois, vve de René
     Chauvain, sans hoirs.
Les Groseillers. . Louis Chauvain, sr de la Mitière.
     Anne et Hilaire Chauvain.
      Porte Chauvain : *ecartelé au 1 et 4 d'ar-*
     gent à l'aigle esployée d'azur ; au 2 et 3 fascé
     d'argent et d'azur de trois pièces à trois bandes
     de gueule brochant sur le tout.

Montamizé.. . . . Gaspard CHESLÉ, escuyer sr de Chavasse.
Jardres. . . . . . . Georges Cheslé, escuyer sr d'Auzec.
Poitiers.. . . . . . Hilaire Cheslé.
     Issus de l'Echevinage de Poitiers ancien.
      Porte Cheslé: *d'argent au chevron de gueule*
     accompagné de 3 merlettes.

Sanzay. . . . . . . François CHEVALIER, sr de la Forêt-Coin-
     dardière.
     Jacques, sr des Seaux.
     Philippe, sr de Leugny.
     Louis, chevalier de Malte.
     Et Simon Chevalier, protonotaire.

Thenezay.. . . . . Damoiselle Madeleine Chevalier, vve du sr de
     Richemont.
     Idem, les sr de la Frapinière, élection de
     Saint-Maixent.

Porte Chevalier : *de gueule à 3 clés d'or
mises en pal, 2 et 1.*

Asnois....... Benjamin CHITTON, s' de Montlaurier.

Genouillé..... Pierre CHITTON, s' de Blanzac.
Louis Chitton, s' de Moulin-Neuf.
Jacques Chitton, s' de Laudardière.
Anobli par lettres confirmées, et de l'Eche-
vinage de Niort.
Porte.....

Partenay..... Jean CLABAT, bailli de la duché de la Meil-
leraie.

Poitiers....... Idem que ceux de Poitiers.
Issus de l'Echevinage de Poitiers, 1656.
Porte Clabat : *d'argent au loup rampant de
sable.*

Vasles........ René CLAVEURIER, s' de la Poitevinière.
La Pagerie.... René Claveurier, s' de la Rousselière.
Fontperron.... Louis Claveurier, s' de la Poitevinière.
Porte Claveurier : *d'azur à 4 clés d'or po-
sées en croix attachées d'un clavier d'or.*

Vernou....... Damoiselle Claude COLLARDEAU, v'° du
s' de Fontenioux, issue de l'Echevinage
de Niort.

Vaussay...... René COULLAUT, s' du Vigneau
Jean Coullaut, s' de la Touche-Barret.

Saunay....... Louis COURTINIER, s' de Richebourg
Antran, élect.
de Châtellerault. { Pierre Courtinier, s' de Valançay
Azay........ François Courtinier, s' de la Milanchère.
Porte Courtinier : *de gueule à six annelets
d'argent à 3 hastelles d'argent en chef.*

Cloud. . . . . François CONSTANT, sr de Mons
Idem que ceux de Poitiers, de l'Echevinage.
    Porte Constant : *d'argent au palmier de
sinople.*

Journet. . . . . . . René COUSTIN, sr des Forges.
    Porte : *d'argent au lion de sable couronné,
lampassé et armé de gueule.*

D

Raymond d'ADZAC, sr de la Robertie.
    *Escartelle au 1e et 4 d'argent à la bande
d'azur à la bordure de mesme accompagnée
de six fleurs de lys d'azur, 3 en chef et 3 en
pointe, ou 3 leopards.*

Viennay. . . . . . La v⁰ Michel DAIX, sr de Nesmy.
Partenay. . . . . . Isaac Daix, sr de Languinière.
    N.   Daix, sr de la Roche-Eslie.
    Porte Daix : *de gueule à la bande d'or au
lambel de mesme, de 3 pendans d'azur.*

Sayvre. . . . . . . Charles D'ALOYGNY, sr des Bordes et de
    Bois-Morand et les autres.
    Porte d'Aloigny : *de gueule à 3 fleurs de
lys d'argent.* Et les seigneurs de la Groix,
élection de Chastellerault à Ingrande portent
de même à 5 fleurs de lys aussy d'argent.

Saint-Sauvent. . . Honorat d'ANCELON, sr de Fontbaudry,
    V. à A.

Vaussay . . . . . . Antoine DANCHÉ, seigneur du Puits-D'Anché.
Louis, sr de la Peruse.
Charles, sr de l'Allier.

René, s' de Fief, Richard, et les autres habitués en Saintonge.

Porte D'Anché : *d'argent au lion de sable lampassé et armé de gueule.*

Cette famille, dès l'an 689, était estimée la plus noble, la plus riche et la plus grande catholique qui fusse dans la province de Poictou. Et audict an 689 estoit S' Achard qui mourut abbé de Jumièges en Normandie.
(Voyez Surius.)

Vouneuil-sur-Vienne . . . . Les s'' D'APPELLEVOISIN, sieurs de La Roche du Maine, Alias TIERCELIN D'APPELLEVOISIN.

Porte D'Appellevoisin : *d'argent à 2 herses d'azur passées en sautoir cantonnées de 4 merlettes de sable au tiercelin.*

Azay . . . . René Elisée DAROT, fils de M" Claude Uriel Darot, seigneur de la Poupolinière et les autres.
Dame Charlotte Madelaine Darot.
René Darot, s' de la Bouterochère.

Porte de Darot : *de sable arrondy d'or à 2 cygnes d'argent accolez membrez et becquez d'or tenant du bec une bague d'or.*

La Bussière . . . . Robert D'ASNIÈRE, s' de la Chapelle.

Porte D'Asnières : *d'argent à 3 croissans montans de gueule.*

Azay, élect. de S'-Maixent . . Henry DAUX, s' de la Brochetière
S'-Sauvent . . . . Cesar Daux, s' de la Bourdilière
Dillay . . . . René, s' de la Chaulme

St-Hilaire-s-l'Au- { François Daux, sr des Aubiers.
tize........

> Porte Daux : d'or au lion de sable, au chef
> de gueule chargé de 3 fers de lance à l'antique
> d'argent.

Châtillon. . . . . Judith DAUZY, voyez LHUYSLIER.

Sanzay. . . . . . . Geoffroy DE BARBEZIÈRES, sr de la Roche-
Chemerault.

Lusignan.. . . . . Charles, sr de Chemerault, l'aîné du nom.

> Porte de Barbezières : d'argent à une fasce
> fuzelée de gueule de 5 pièces.

Latus. . . . . Louis de la BARLOTIÈRE, sr dudit lieu.

Saint-Romais.. . Laurent de la Barlotière, sr du Puy-Martin.

> Porte : de sable à 3 fasces d'argent et 3 che-
> vrons d'azur brochant sur le tout.

St-Germain-de- { Charles DE LA BARRE, sr de l'Audrière et
Longue-Chaume. { tous les autres dudit nom.

Rom. . . . . Pierre de la Barre, sr de Vaution.

Saint-Marcoul. . Jean de la Barre, sr du Bois-de-Luché.

Beaussay.. . . . . Isaac et Pierre de la Barre, srs de Reigné et
de la Barre.

> Pierre, sr d'Aubanay et de Vaution, Louis de
> la Barre son fils.
>
> Porte : d'argent à la bande d'azur chargée
> de trois coquilles d'or accompagnées de deux
> merlettes de sable, une en chef et l'autre en
> pointe, au croissant montant d'azur sur le
> second cartier.

Availles.. . . . . . Robert DE BASLON, sr dudit lieu.

Pressac. . . . . . . Elizabeth de Chamborand, veuve de Pierre
de Baslon ;

> Issus d'Escosse.
>
> Porte : d'argent à 3 fusées d'azur 2 et 1.

Breuil-au-Fil... Jean DE BASTIDE, s^r du Croiset et Anne Bastide.

> Porte de Bastide : *d'argent à 5 fusées de gueule.*

Chiré....... Jean DE BEAUREGARD, s^r des Mottes.
Gençay....... Louis de Beauregard, s^r de la Motte-Cotillon.
Queaux...... Pierre de Beauregard, s^r de Champnoir.
Brion........ Jacquette de Genouillé, veuve de Jean de Beauregard, s^r de Milly.

> Porte : *d'or à la bande d'azur accompagnée de 3 lamproyes, 2 en chef, 1 en pointe.*

L'Ile-Jourdain.. DE LA BÉRAUDIÈRE, seigneur marquis de l'Isle.
Et le s^r baron de Rouet son frère.

> Porte : *d'or à l'aigle esployée et couronnée de gueule.*

Oradour-s.-Vère. Louis DE BERMONDET, s^r de Cromyers.
Georges de Bermondet, s^r comte d'Oradour-sur-Vère, lieutenant-général de l'artillerie de France, beau-père du comte de Busset, tige bâtarde de Bourbon.

> Porte de Bermondet : *d'azur à 3 mains gauches d'argent posées en pal.*

Cussac....... Joachim DE BESDON, s^r des Aubiers.
Abzac........ Jacques de Besdon, s^r de Monceaux.

> Porte : *d'argent à 2 fasces d'azur accompagnées de 6 roses de gueule pointées de sinople.*

Irais........ Jean DE BEUIL, s^r de Bithon.

> Porte de Beuil : *d'azur au croissant montant accompagné de 6 croisettes au pied fiché d'or.*

DE BONNIN, chevalier seigneur de Messaignac. Voir B.

Saint-Pierre-de-Pranzay.... René DE BOCQUET, sr de la Pacaudière.

Renvoyé noble sans hoirs masles ni filles.

Pierre DU BREUIL ESLION, sr de la Vau.

Porte : *d'argent au lion de sable armé et lampassé de gueule.*

Ruffigny...... Antoine DE BRESMONT, sr de Belleville.

Porte de Bresmont : *d'argent à l'aigle de sable becquée et membrée de gueule.*

Breuil-au-Fâ... Damoiselle Elisabeth Papon, vve de Jean DE BREUIL SEGUIN (Brosseguin).
Gaspard de Brosseguin, sr de la Forest.

Porte : *d'argent à l'aigle à 2 testes esployée de sable, membrée et becquée d'or.*

Vendœuvre.... Pierre de BRIDIEU, sr de la Baron et les autres.

Porte de Bridieu: *d'azur à la mascle cramponnée d'argent à 3 estoilles d'or 2 et 1.*

Liglet........ René DE BROSSARD, sr de la Gerbaudière, fils de René de Brossard et de damoiselle Gillonne de Sauzay.
Et les autres du nom ci-après.

Porte de Brossard: *d'azur à 3 fleurs de lys d'or au chevron de même.*

Bernard DE LA BROUÉE (Labrouste), sr du Poyau.
La vve du sr de Vareille.

Porte.....

Saint-Secondin. Anne de Gaborit, vᵛᵉ de Jacques DE
              BROUILLAC.

Les villages de { Abraham de Brouillac, sʳ de la Bodinière, et
Clouzey..... { les autres.

        Porte de Brouillac : *d'argent à 5 mouche-*
        tures d'hermines mises en sautoir.

Cloud........ Damoiselle Jeanne de Nalvaut, vᵛᵉ de
              Abraham BRUN, sʳ de Villesouffran.

        Porte Brun : *Burellé d'or et d'azur de 8 piè-*
        ces au lyon d'or brochant sur le tout.

Oradour....... Charles DE CAMIN, sʳ du Puy-Lubart.
Fasnoix...... Jean de Camin, sʳ de Cussac.

        Porte : *de gueule au pal d'argent accosté de*
        deux lyons affrontez de mesme, au chef cousu
        d'azur chargé d'une croix de Malthe d'argent
        accompagnée de 2 estoilles de même.

Brillac........ Maria DE CHAMBORANT, sʳ du Vignaut et
              de Dreux.

        Porte : *d'or au lyon de sable langué et armé*
        de gueule.

Champeaux..... Silvain DE CHANTILLAC, sʳ de la Vigerie.
        Porte.....

Pouzeoux..... Jacques DE CHASTEAU, sʳ du Riet.
        Porte : *d'or à 3 testes de loup de sable, 2 et 1.*

Montmorillon.... Pierre DU CHASTENET, sʳ de Mérignac,
              sénéchal de Montmorillon.

        Porte : *de sinople au soleil d'or accompagné*
        de 4 hermines de gueule.

Asnières . . . . . . Pierre DE CHASTILLON, sʳ de la Pierre.

    Porte : *de gueule à l'aigle esployée d'argent.*

Menigoute . . . . . François DU CHILLEAU, sʳ dudit lieu.
Craon. Vasles . . . Charles du Chilleau, sʳ du Reteil.

    Porte du Chilleau : *de sable à 9 moutons paissans d'argent sur une terrasse de sinople.*

Champagnac . . . Uriel DE CHOUILLY, sʳ de Permangle et de Chouilly, maintenu noble par arrest de Messʳˢ les commissaires par renvoi de M. Barantin.

    Porte de Chouilly : *d'azur à la fasce d'argent à 9 lys de second, feuilles et tiges de même mis en pal au chef de l'escu, à une fleur de lys en pointe.*

Les Roche - Pré-mary . . . . . . { Louis DE CHOISY, sʳ de la Garde.

    Porte de Choisy : *d'azur à 3 coquilles d'or.*

Asnières . . . . . . Jean DE CLAIRÉ, sʳ de Fressac.
Jean de Clairé, sʳ de la Roche, son neveu.

    Porte : *d'azur à la bordure de gueule à une main droite mise en pal* — lesquelles armes luy furent données par le roy Charles VI.

Savigny . . . . . . Benjamin DE CLERVAUT, sʳ de la Brousse.

    Porte : *de gueule à la croix pattée d'or.*

Sillars . . . . Paul DE CORAL, sʳ du Breuil et de la Fouchardière.

    Porte : *de gueule à la croix pattée d'or supportée par deux lyons affrontez de mesme.*

Vernoux. . . . . . . **René DE LA COUR**, sᵣ du Fontenioux.

Chesté. . . . . Antoine de la Cour, sᵣ de la Chambaudière.

Forêt-sur-Sèvre Nicolas de la Cour, sᵣ du Vergier.

(él. de Thouars). Pierre de la Cour, sᵣ de la Montaisière.

Joachim de la Cour, sᵣ de la Touche.

> Porte: *de sinople à la bande d'or chargée d'un porc espic de gueule.*

Saint-Just-de- {**René DE COUHÉ**, sᵣ du Pou.
Chauvigny. . .

Charles, sᵣ du Mas.

Gilbert, sᵣ de la Faye.

Henry, sᵣ de Lestang.

Charles, sᵣ du Malautroc.

Gabriel de Couhé, sᵣ de la Fayolle.

> Porte: *escartelé d'or et d'azur à 4 merlettes de l'un à l'autre.*

Saint-Secondin. Les sᵣˢ de **LA COUSSAYE**, sᵣˢ de la Resson-
nière et de la Duretière.

> Porte de la Coussaye: *d'argent à 3 roses de gueule.*

Mazières. . . . . . François **DE LA COUSTURE RENON**, sᵣ de
Brisay.

Pierre de la Couture Renon, sᵣ de Lubigny.

> Porte: *de gueule à la fasce d'argent fuzelée de 5 pièces.*

Vivonne. . . . . . François **DE LA CROIX**, sᵣ des Bretinières.

Antoine de la Croix, sᵣ de Laquet.

> Porte de la Croix: *de gueule à 5 fusées d'argent.*

Ville......... Louis DE CROISSANT, s^r de Moulipanto.
Jean de Croissant son père.

> Porte de Croissant : *d'azur à la croix d'argent.*

Oradour-s.-Vère. Les héritiers de Léonard DE CUBES, s^r du Breuil.

Abzac........ Jean DE CUGNAC, s^r de Bolabolet et de Commeraac.

Vausseroux. Villedieu-d'Aunay., René DE CUMONT, s^r de la Barbotière et tous les autres du même nom.

> Porte de Cumont : *de gueule à la croix pattée d'argent.*

Châteaularcher . Gaspard DE BELON, s^r de la Brunetière.

Crouzilles..... René de Belon, s^r des Crouzilles.
Emmanuel de Belon, s^r de Beaupuy.

Marnay...... Louis de Belond, s^r du Mauge.

> Porte de Belon : *d'argent au sautoir peri de gueule à 5 fusées d'argent.*

Airvault...... Gabriel-Louis DE LAAGE ESTIÉES, s^r du Plessis et de la Courolière.

> Porte Delaage Estiés : *d'argent à 9 merlettes de sable 2 et 1.*

Marnay...... Jacques DE LAAGE, s^r dudit lieu.

Pleuville...... Philippe Delaage, s^r des Tessières.

> Porte : *d'or à une aigle à 2 testes esployée de gueule armée et becquée d'azur.*

Saint - Martin- du-Fouilloux. Pierre DELASTRE, s^r de Touchelongue.

> Porte Delastre : *d'azur au chevron d'or accompagné d'un soleil de mesme costoyé de 2 estoilles d'argent, au croissant montant de même en pointe.*

Chap.-Bertrand. François DESPREZ, sr du Vivier.
François, sr de la Jarrie.

    Porte Desprez : d'argent au chevron de gueule à 9 coquilles de mesme en chef, et un chabot aussi de même en pointe posé en pal.

Montamizé.. . . . . Roch DE SOISY, sr de la Morlière.

    Porte de Soisy : d'or à 9 bandes de gueule.

Saint-Gaudent. . Salomon DEXMYER, sr de la Bussière.
Availles . . . . . . Robert, sr de la Chapelle.
La Rochelle. . . . François-Alexandre Desmyer, sr de St-Simon.
Louis Dexmier, sr de Loron.
Jean Dexmier, sr de la Bruyère et ses frères.

    Porte : escartelé d'argent et d'azur à 4 fleurs de lys de l'un à l'autre.

St-Martin-l'Ars.. Jacques DUBREUIL, sr des Souches.

    Porte : d'argent au chevron brisé de gueule surmonté d'une aigle de sable.

Maisonnay.. . . . François DUMAS, sr de la Serre.
Autre François Dumas.
Idem que les sieurs de Roussillon de Ligne-les-Boys, élection d'Angoulême.

    Porte Dumas : de gueule à 3 testes de lyon arrachées d'argent.

St-Victurnien.. . Gauthier DUPIN, sr de la Maison-Rouge.
Vaurix.. . . . . . François, sr de la Guérinière.
Vaussay.. . . . . François, sr de la Guyonnière.
Vançay.. . . . . . Jean, sr de la Grange-Pacaud.
Vaux. . . . . Gilbert, sr de la Coste-Messelière.
Charles, sr du Pin.
Jean Dupin, sr de Bessac.

    Porte Dupin : d'argent à 3 bourdons de gueule posés en pal, 2 et 1.

Marçay........ François DUPUYS, sr de la Bardonnière.

Archigny....... Louis Dupuys, sr de Beauchamp.

Dupuys, sr de la Bruaudière.

Damoiselle Léonor Dupuys.

Porte Dupuys : *d'argent au puy de sable accosté de 2 serpens de sinople affrontés buvant de l'eau.*

Alias :

Porte : *d'azur à 3 chevrons d'or.*

Poitiers........ Simon DREUX, baron de Monatrollet.

Montrollet .... Dreux, sr de la Vallée.

Dreux, sr des Rochettes.

Bonaventure Dreux, sr de la Bromaudière, procureur du Roy au bureau des finances à Poitiers.

Porte Dreux : *d'azur au chevron d'or accompagné de 2 roses d'argent en chef et d'un soleil d'or en pointe.*

Liglet........ Maximilien DE DURFORT, seigneur baron de Born.

Porte : *d'azur à la bande d'or, à la filière de gueule.*

Saint-Saviol.... Jacques et Jean DU ROUSSEAU, srs de Chiseré et de la Fayolle et de la Forest-Maranda, maintenus nobles par arrest des commissaires généraux.

Porte : *de gueule au chevron d'argent accompagné de 3 bezans de mesme : au chef d'argent à 3 lozanges renversés de gueule mis en fasce.*

Pleuville...... François DUVERRIER, sr de Chambord et son fils.

Neuville. . . . . . René DE LESTANG, sr de Furigny.

Porte : *d'argent à 7 fusées de gueule 4, 3 et 1.*

Usson. . . . . Gabriel DE FAIDEAU, sr de Raissonneau.

Porte : *d'azur semé aux fleurs de lys d'or sans nombre.*

Savigny. . . . . Jean DE LA FAYE, sr de la Croix, famille venue de Touraine ; autre famille que les Delafaye Montorchon.

Porte Delafaye la Croix : *de sable à la croix niellée d'argent.*

Pairé. . . . . . . Jean DE LA FAYE, sr de Montorchon.

Porte Delafaye : *d'or à une croix niellée de sable au croissant raccourcy et ancré au bout, au lambel de gueule de 5 pièces montant du chef.*

Pairé. . . . . . . Jacques DE LA FERRIÈRE, sr de Belhome.

Porte de la Ferrière : *d'argent à 2 lyons léopardez de sable l'un sur l'autre.*

Poitiers (ville). . . Claude DUFLOS, sr d'Aventon.
Antoine, sr du Colombier.
Louis, sr de Gilliers.
Charles, sr de Saint-Mandé.
Amable, docteur de Sorbonne.
Marie et Antoinette Duflos, frères et sœurs.

Maisonnay . . . . Charles DE FONTLEBON, sr du Puy.
Léon de Fontlebon, sr du Maine-Barreau.

Porte de Fontlebon : *d'argent à 3 aigles de sable.*

Liglet........ Damaiselle Mathurine de Louseho, v⁰ de
        Pierre DES FORGES, sʳ de Boisgarnier.
Michel des Forges.

      Porte : *d'azur bordé de gueule à la bande
d'or.*

Poitiers........ Johan GABRIAUT, escuyer, sʳ de Riparfond
        et son fils, demeurant à Paris.
Charles Gabriaut, sʳ d'Argentière.

      Porte Gabriau : *d'azur au cerf courant d'or.*

Anne DE GABORIT, Voyez BREUILLAC.

La Roche-au-
Mont ......{Louys DE GANNES, sʳ de Falaize.

      Porte de Gannes : *d'hermines à 3 traicts de
8 mouchetures 4, 3 et 1.*

Jacquette DE GENOUILLÉ, V. Beauregard.

Verrines....... François DES GITTONS, sʳ de Verrines.
Chaunay...... Benjamin des Gittons, sʳ de Meslé.
Mairé-Lévescaut. Barthélemy des Gittons, sʳ de Puyvert et de
        Chenay.
Gabriel des Gittons, sʳ de la Baronnière.
      Porte : *d'azur à 3 bezans d'or.*

Malvaut...... François DES GLENETZ, sʳ de Vieille-Cour.

      Porte des Glenetz : *escartelé de 14 hermi-
nes, 4 en chef, 3 en pointe.*

Legné........ Jean DE GOLLIER, sʳ de Beaulieu.

      Porte : *de gueule à 3 fleurs de lis d'argent
à une fasce d'or sur le tout.*

Poitiers....... René DE GORET, s^r des Saules, aisné du
nom, conseiller à Poitiers.

Le Bouchage... Jean de Goret, s^r d'Elbène.

Champagne-
Mouton...... { Louys de Goret, s^r de Martinière.

Saint-Maixent.. Maximilien de Goret, s^r de Martinière.

Joseph de Goret, s^r de Poussac.

Charles.

Françoise Descours de Genouillé.

    Porte Goret : *d'argent à 3 hures de sanglier*
arrachées de sable languées.

René DE GRANDSEIGNE, s^r des Plats.

Jean, s^r de Beaupuy.

Jean, s^r d'Aizonat.

Pierre et François de Grandseigne.

    Maintenus nobles par arrest de MM. les
commissaires généraux.

Norignac...... Philippe DE GUILLAUMET, s^r de Balantru.

    Porte : *d'argent à 3 hures de sanglier arra-*
chées de sable au chef de gueule.

Le s^r DE GUILLERVILLE, s^r de Villaine.

    Porte : *d'azur à 3 fasces ondées d'argent*
et de sable.

Pressac....... Paul et Jacques GUILLON.

Cenan....... Joachim de Guillon, capitaine au régiment
royal.

Availles....... Les sieurs de Lesigny et des Villates.

La Bussière.... Samuel de Guillon, s^r des Granges.

Paul, s^r des Touches.

Jean, s^r de Verrines.

Et François de Guillon, s^r du Maignon.

    Porte Guillon : *d'argent à un geay de sable*
patté et becqué d'or au croissant d'azur en
pointe, au chef cousu d'or à 3 roses de gueule.

Rstable . . . . . .
Chaunay . . . . . Louys DU GUILLOT, sr de Pennecoy.
Saint-Just. . . . René du Guillot, sr du Chêne.
Saint-Pierre-de- Jean du Guillot, sr de Puy-Chelle.
   Chavagné . . .

          Porte.....

Chaunay. . . . . . Damoiselle Elisabeth de Caillot, vve de Salo-
      mon GUY, sr de Pontlevaut.
      Porte : d'azur à trois fermails d'argent.
                    V. lettre C.

Migné. . . . . Pierre DE JOUSSERAN, ser de Baygnoux.
St-Pierre-d'Ex- Jacques de Jousseran, sr de Champrond.
   cideuil.. . . . .

      Maintenu noble par arrest de MM. les
      commissaires généraux.

Le Bouchage. . . Olivier Jousseran, sr de Voulernyère.
      Damoiselle Jeanne de Mayré, vve d'Olivier
      Jousseran, sr de Layre et leurs enfants.
      Porte Jousseran : burulé de six pièces d'ar-
      gent et d'azur à l'aigle de gueule brochant
      sur le tout.

Saint-Martin-de- Charles DE JULLIEN, sr de Mesniers.
   Jussac. . . . . .

      Porte de Jullien : d'azur à 2 lyons d'or.

Saint-Mathieu. . Jean DE LAMBERTIE, sr du Bouchet et de la
      Fougeraye.
Saint-Gervais. . Jean, sr de Chamborant.
Malvau.. . . . . . Léonard de Lambertie, sr de l'Espinay.

      Porte : d'azur à 2 chevrons d'or.

Lusignan . . . . . Pierre DE LA LANDE, sr DU TILLET, idem
que les seigneurs de Saint-Estienne.

Porte de la Lande du Tillet : *escartelé d'argent et d'azur, au 1 et 4 d'argent, au 2 et
3 d'azur.*

Moutiers . . . . . . Jacques DE LANET, sr de Bellefond.

Porte : *de gueule au bœuf passant d'argent.*

La Pagerie . . . . La vᵉ de René DE LAURIERS, sr des Dour-
dinos et leurs enfants.

Porte Delauriere : *d'azur à 3 fasces d'argent
au croissant montant de mesme sur le canton
dextre au lyon passant d'or lampassé de
gueule dessous la première fasce.*

Poitiers . . . . . . Charles DE LAUZON, sr de la Boucholière,
idem que ceux de Poitiers.

Porte Lauzon : *d'azur à 3 serpens d'argent
posez en rond se mordant le bout de la queue.*

(Dont Mᵉ De Lauzon, conseiller d'État.)

Savigny . . . . . . Georges DE LEMERYE, sr de Moucheduno.
Jean de Lemeyrié, sr du Gros.

Porte : *d'or à 3 arbres de sinople.*

Charroux . . . . . Damoiselle Suzanne DE LESPINE.
Jean de Lespine, sr de Lambertie.
François, sr du Garaut.
René, sr de la Ville-aux-Voies.
Louys, sr de la Motte.
Et les autres.

Porte de Lespine : *d'or au lyon de gueule
rampant sur un aubespin de sinople à 3
estoilles d'azur en chef.*

Oradour. . . . . François DE LESCOURS, sr d'Oradour-sur-
Vaire et de Puy-Gaillard.

Jean de Lescours, sr de Puy-Gaillard et du
Repère.

Judith de Lescours, dame de Roussillon.

Porte de Lescours : *d'azur bandé d'or sans
pair et sans nombre.*

Amaillou. . . . . Charles DE LINAX, sr d'Aubigny, et les
Luché. . . . . . . autres ; Michel de Linax, sr de Villegay et de
Clessé . . . . . . la Jullière.

Porte de Linax : *de gueule à 9 fers de lance
à l'antique mornés d'argent.*

Açay. . . . . . . Messire Pierre DE LYNIERES, sr de la Coustière.

La Peyratte. . . . Baron de Lynières, sr de la Bourgbelière.

Poitiers. . . . . . Damoiselle DE LYNYERS, dame de Villefond.

Damoiselle Suzanne de Lyniers, dame de la
Barbotte et ses enfants.

Brion, Saint-Se-
condin . . . . . Damoiselle Catherine de Montsorbier, vve de
Pierre LEROY sr de Ceré, et ceux de la
Bussière cy-après à Saint-Secondin.

Oradour. . . . . . Dame Denize DE MAILLÉ, vve de messire
Fasnoix. . . . . . François BARTHON, vicomte de MONTBAS.

Porte : *d'azur à un cerf couché d'or au chef
eschiqueté d'or et de gueule de 3 pièces.*

Bonneuil-Ma-
tours. . . . . . . La vve Philippe DE MARANS, sr de l'Au-
mosnerie.

Persac. . . . . . . Louys de Marans, sr de la Varenne.

Porte : *fascé d'or et d'azur de 6 pièces au*

chef de 2 pals d'azur et d'or couppés aux 9 cantons.

Cursay. . . . . . . Charles DE MARCONNAY, sr de Villiers.
Louis de Marconnay, sr de Cursay l'aisné.

Porte de Marconnay : *de gueuls à 3 pals de vair au chef d'or.*

Millac. . . . . Emmanuel-Philbert DE MAROIX, sr de Millac.
Poitiers . . . . . . Jacques Maroix, sr de Vergnay.
Nicolas Maroix, sr d'Auzay.
Marie Maroix, vve de feu François Claveurier.

Porte : *de gueule à la croix d'argent cantonnée de 4 lyons d'or, à la bordure de mesme chargée de 6 lances de sable posées en sautoir aux bouts de la croix.*

Vaurix. . . . . . . Paul DE MARSANGES, sr de Vaurix.

Porte : *d'argent à 3 merlettes de sable.*

Benayt (Charente)
Benays. . . . . . . Gabriel DE MASCUREAU, sr de Villarmin.

Porte de Mascureau : *couppé d'argent sur azur au 1er de gueule de 3 pièces, à 3 estoilles mises 2 au premier et 2 au 3o.*

Pressac. . . . . . . Philippe DE MAUMILLON, sr du May.
Oradour. . . . . . Jean, sr de la Chaubounière.
Mervant. . . . . . Mathieu et René, srs de l'Etang et de la Martinière.

Porte Maumillon : *d'azur à 3 estoilles d'or et 2 cœurs de mesme joincts ensemble par le bout en abisme.*

Montbrun. . . . . François DE MAUMONT, sr de la Terrie.

Porte Maumont : *d'azur à la croix d'or.*

Marnay . . . . . Gabriel DE MAURAISE, s^r de la Richardière.
Le Vieux-Ceris . . Antoine de Mauraise, s^r du May-Richard.
Rom . . . . François de Mauraise.

    Porte de Mauraise : *de sable au lyon d'argent armé et lampassé de gueule.*

Couhé . . . . . . Jacques DE MAUVIS, s^r de la Richardière.
Persac . . . . . . Estienne de Mauvis, s^r de Villard.

    Porte : *d'argent à la croix raccourcie ancrée de sable, deux croissants montants de gueule en chef.*

Ceaux . . . . . . Aymery DE MEZIEUX, s^r dudit lieu.

    Porte Mesieux : *d'argent à 3 chevrons d'or.*

Champagnac . . . Jean DE MIRAMBEL, s^r de.....

    Porte.....

Asnoix . . . . . . Jean DE MONFRABEUF, s^r de la Nadaillée.

    Porte de Monfrabeuf : *d'or au lyon de gueule.*

Moussac . . . . . Pierre DE MONARD, s^r de Chantouillet.

    Porte.....

Benest . . . . . . Abel DE MONEYS, s^r d'Ordière.

    Porte : *escartelé au 1 et 4 d'or au lyon de gueulle, au 2 et 3 d'azur à 2 chevrons d'or.*

Sillars . . . . . . Jacques DE MONTZ, s^r de Malzac et de Puy-Godet.

    Porte : *de gueule à 3 escussons d'or.*

Fleuré . . . . . . René DE MONTION et ses frères (de l'Echevinage).

    Porte de Montion : *à la montagne de sinople au chef d'azur chargé de 3 estoilles d'or.*

3

Adriers . . . . Damoiselle Anne DE MONTLOUYS.

Joseph de Montlouys, s^r de Lafosse et ses frères et sœurs, enfants de Pierre de Montlouys et de Elisabeth Chaigneau.

Porte de Montlouys : *d'azur à 3 chevrons d'or chargés de 3 fleurs de lys de même en chef.*

Brion . . . .
Saint - Pardoux
(Elect. de Niort). } François DE MONTSORBIER, s^r de Boisvert. Et tous les autres du nom.

Porte : *burelé en pal d'azur et d'argent de onze pièces, à la bordure componnée de même.*

Jouet . . . . François DE MOUSSY, ss^r de la Contour.

Porte : *d'or au chef de gueule chargé d'un lyon léopardé d'argent.*

Nohié . . . . Rock et autre Roch DES MOUSTIERS, sieurs de Rocheledoux et de la Valette.

François des Moustiers, s^r de Rocheledoux.

François des Moustiers, comte de Merinville, chevalier des ordres du Roy, s^r de Narbonne, lieutenant-général en Provence, et lieutenant-général des armées du roy.

Porte des Moustiers : *escartelé au 1 et 4 d'argent à 3 fasces de gueule, au 2 et 3 au lyon passant d'or armé et lampassé de gueule.*

Usson . . . . Pierre DE NEUFCHAISE, s^r de Pressac.

Dame Dorothée Barthon, v^{ve} de Pierre de Neufchaize.

Son fils, Jacques, s^r de Batoullin.

Jean, seigneur des Francs.

Gaspard des Francs, s^r de la Brunonière. Et les autres.

Portent : *de gueule à 9 molettes d'argent 3, 3, 2 et 1.*

Les Salles. . . . . Jean DE NESMOND, s^r de la Pougnerie.
Les mêmes que ceux de Paris et de Bordeaux.

Porte Denesmond : *d'or à 3 cornets de sable lyez d'azur virollez de gueule.*

Montreuil - Bon- { Claude DE LA NOUE, seigneur de Montreuil.
nin . . . .

Porte : *d'argent fretté de sable au chef de gueule chargé de 3 testes de loup d'or posées en pal gueules béantes.*

Usson . . . . François D'ORADOUR, s^r de Clairé.
Availles . . . . . . François, s^r de la Paillerie.
Elisabeth d'Oradour.

Porte : *d'azur à la fasce accompagnée de 6 fleurs de lys d'argent 3 en chef, 3 en pointe.*

Louys DU PEREZ, s^r de Beaulieu.
Jean-Jacques du Peret, s^r du Plessis-Mareuil.

Porte : *de gueule fascé d'or de 5 pièces.*

Lautier . . . . Isaac-Louis DE PINDRAY, s^r de Beaupuy et de Lautier.

Porte . . . . .

Partenay . . . . . Armand-François DE LA PORTE, s^r de la Rambourgère et les autres de ladite famille.

Porte de la Porte : *de gueule au croissant montant d'argent chargé de 5 hermines de sable.*

Millac . . . . Pierre DE LA PORTE, s^r des Vaux.
Jeanne de la Porte, dame de la Gacillière.
Armand de la Porte, s^r de la Bessorinière.
François de la Porte, s^r de Villayne.
Pierre de la Porte, s^r du Teil-aux-Servants.

Porte : *d'or au chevron brisé de gueule.*

Chey . . . . Jean DE PONS, s^r des Aubuges.
Poitiers (ville) . . Marguerite Maubué, v^{ve} d'Antoine de Pons.
Bouchage . . . . . René, s^r de la Vacherie.
Montjean . . . . . René, s^r de Fillet.
François de Pons, s^r Descures.
François, s^r des Lays.

    Porte de Pons : *d'argent à la fasce bandée de gueule de six pièces.*
        Alias, *bandé d'or et de gueule.*

Saint-Laurent . . Marc DES POUSSES, s^r de la Bonnetrie.
Pierre Des Pousses, s^r du Fouilloux.

    Porte . . . . .

Saint-Gervais . . Jean DE PRESSAC, s^r du Repaire.

    Porte : *d'azur au lyon d'argent armé, lampassé, couronné d'or.*

Saint-Romain . . François DE PUYGUYON, s^r de la Vouste et de Clussay, et ses frères.
Pierre de Puyguyon.

    Porte : *d'or à une teste de cheval effarouché contournée de sable.*

Pachat . . . . . . Pierre DU QUEROY, s^r de Ville-Champagne.

    Porte : *d'argent à la fasce ondée d'azur.*

Chasseneuil . . . . Jean DE RECHIGNEVOISIN, s^r de Guron.

    Porte de Rechignevoisin : *d'argent à une fleur de lys de gueule au cœur de l'écu.*

Surin . . . . Jean DU RECLUS, s^r de Faugery.
Genouillé . . . . . N. Du Reclus, s^r du Cibioux, fils dudit Jean.

    Porte : *d'azur à 3 chabots d'argent pozés en pal, 2 et 1.*

Breuil-au-Fil . . . RIGAL, de Vieille-Lune, s^r D'Ambelle.

Porte.....

S^t - Barthelemy - { Jean DURIX, s^r de Montgarnaud.
de-Fleix . . . . . {
Porte : *de gueule à 9 fasces d'argent.*

L'Ile-Jourdain. . Marc DE LA ROCHE-BEAUCOURT, s^r de
Soullans, et son fils Daniel, s^r de Saint-
Chaumont.
Jean, s^r Du Monac.
Pierre, s^r de la Roche-Beaucourt.
Philippe de la Roche-Beaucourt, s^r de l'Ho-
mandière.
Porte : *d'argent à l'aigle esployée de sable
en chef, en pointe au lyon de gueule.*

Saint-Auvant . . . Jean DE ROCHECHOUARD, s^r de Saint-
Auvant.
Porte : *de gueule à 9 fasces antées et ondées
d'argent.*

Saint-Cyr . . . . . François DE ROMAGERE, s^r de Lambertye.
Porte.....

Les Mées . . . . . . François DES RUAUX, s^r du Puy-d'Oriou,
issu de la mairie d'Angoulême, en 1607.

Saint-Cyr . . . . . Jean de St-FIEF, s^r de Muzat.
Porte de St-Fief : *d'argent au chevron de
gueule accompagné de 3 croix de mesme, 2
en chef et 1 en pointe.*

Asnois . . . . Raymond DE St-GAREAU, s^r de Traslebost.
Porte : *d'argent à 3 hures de sangliers
arrachées de sable.*

Exoudun, Cham-
pagné-le-Sec.... {
La dame de Vesrac, du nom de St-GEOR-
GES, et les autres du dit nom.

Porte : *escartelé au 1er et 4 d'argent à une
croix de gueulle alizée ; au 2 et 3 d'argent à
3 fasces alizées de gueulle.*

Champagné-le-
Sec, Ceaux, élec-
tion de Niort.
Marçay, élect..
de la Rochelle.
Exoudun......
Couhé........

François de St-GEORGES, sr de Fraize.
La dame de Verruée, du nom de St-Georges.
Philippe de St-Georges, sr de Secaux.
De St-Georges, sr de Verne.
Léonard de St-Georges, sr de Prissay.
Louys, s. de Marçay.
Dame Marguerite de St-Georges, ve du sr
Forin.

Porte de St-Georges : *escartelé d'argent à
la croix allizée de gueulle au 1er et 4 ; au 2
et 3 d'argent à 9 fasces ondées de gueulle.*

La Ferrière.....

Gabriel DE St-SAVIN.
François de St-Savin, sr de Marbuse.

Porte de St-Savin : *d'azur à la fasce ondée
d'argent à 5 fleurs de lys de mesme, 3 en chef
et 2 en pointe.*

Montrollet.....

Jacques de SALIGNAC, sr de l'Oliverie.
Siméon de Salignac, sr du Vignaut.
Pierre de Salignac, son frère.

Porte : *d'azur fuzelé d'or de trois pièces.*

Poitiers (ville)...

Pierre DE SAUZAY, escuyer, sr de Bois-
Ferrand.

Chastellerault...

Jean de Sauzay, sr du Breuil-Mirant, son fils
aisné.

Saint-Maixent
et Soudan.....{
Pierre de Sauzay, son frère, ecclésiastique.

Porte de Sauzay : *d'argent à la tour massonnée de sable bretezée de 5 pièces porte
béante hercée à la herse saraxine élevée sur
une terrasse de sinople, deux estoilles du second
en chef.*

Pierre et Jean de Sauzay, enfans de deffunt
Pierre de Sauzay, seign^r de Beaurepaire,
branche de l'aisné.

Charles de Sauzay, s^r du Chastellier, leur
oncle, élection de Chastelleraud.

Coustières. . . . . Jacques DE LA SAYETTE, s^r de la Sayette.

Porte de la Sayette : *d'azur à 9 fers de
lance ou de pique à l'antique d'argent 2 et 1.*

Maisontiers,
Saint-Philibert.

Charles de la Sayette, s^r de la Grange ; sans
hoirs.

Luchat. . . . . .
Saint-Quentin. .
Saint-Cyr. . . . .

Philippes DE LA SEIGNE, s^r de Piedol.

Porte : *d'argent au lyon de sable couronné
langué et muzellé de gueule.*

Brillac. . . . . . . Charles DE SENNECTAIRE, s^r de Brillac,
de la mesme maison que les marquis de
Sennetaire, duc de la Ferté, comte de
St-Victor et comte de Brimo.

Porte : *d'azur à 5 fuskes d'argent mises en
pal ; cimier, une teste de taureau d'argent.*

Coustières. . . . . François DE LA TAUPANE, s^r de la Morinière.

Gabrielle de La Taupane, dame de Laspoix.

Porte de La Taupane : *de gueule à 3 merlettes d'argent.*

Le Vigean. . . . . Henry DU TEIL, s^r de Verneuil.

Henri-Simon Du Teil, s^r de Moustiers.

Yvon Du Teil, s^r de Moustiers.

Porte : *d'or au chef d'azur, au lyon de gueulle couronné langué et armé d'argent entrant dans le chef.*

Vouneuil-sur-Vienne. . . . . . {TIERCELIN.

Voyez D'APPELLEVOISIN.

Lusignan . . . . . DU TILLET, Pierre de la Lande, s^r du Tillet. Idem que les seigneurs de St-Etienne.

Porte de la Lande du Tillet : *escartelé d'argent et d'azur, au 1 et 4 d'argent, au 2 et 3 d'azur.*

Brux . . . . François DE LA TOUSCHE, s^r du dit lieu.
Andillé. . . . . . . Et les autres du mesme nom.

Porte de La Tousche : *d'or au lyon de sable couronné armé et lampassé de gueulle.*

Le Puy-Belliard. Jacques d'Oyron, s^r de La Tousche, idem que le s^r d'Oyron, s^r des Bouchaux, et son frère Antoine d'Oyron, s^r des Coudraux.

Saint-Secondin.. Jean DE LA TOUR, s^r de La Gorce.
Chef-Boutonne. . Abraham de La Tour.
Sompt, élect. de Saint-Maixent . {Guy de La Tour, s^r de Lestang.
Monstreuil. . . . Ollivier de La Tour.
St-Fraigne, élect. Gabriel de La Tour, s^r de Cousturette.
St-Jean-d'Angély Charles de La Tour, s^r de La Combe.

Porte : *d'argent à l'aigle esployée de sable, armée, becquée d'or, à la bordure d'azur chargée de six bezants d'or.*

Queaux........ Jean DE LA TOUR, s^r de La Vialle.

Abraham de La Tour, Charles de La Tour, s^r des Faugères.

Porte : *d'azur à la tour d'argent massonnée de sable, crenelée de 9 pièces et de deux demyes, semé de France au lambel de gueulle.*

Aslonne........ Charles DE TUSSEAU, s^r de La Tour, et les autres.

Aslonne........ Antoine DU TUSSEAU, s^r de la Favrelière, du Tusseau, Maisontiers de Tusseau, Bironnière de Tusseau.

Coustières..... René DU TUSSEAU, s^r de La Bironnière, idem que les précédens.

Maisontiers. ... Louys DE TUSSEAU, s^r de Maisontiers, idem cy-devant.

Portent : *d'argent à 9 croissans montans de gueulle.*

Airvault....... René DE VANDEL, s^r de Vernay.

Porte Vandel : *de gueulle à 3 gantelets d'argent.*

Lhommois..... René DE VASSÉ, s^r de Chastillon.

Porte de Vassé : *burelé d'or et d'azur de sept pièces.*

Exoudun, Cham- La dame DE VESRAC, du nom de St-Geor-
pagne-le-Sec.   ges, et les autres du dit.

Porte : *escartelé au 1er et 4 d'argent à une croix de gueulle alizée au 2 et 3 d'argent à 3 fasces alizées de gueulle.*

Verryes........ Damoiselle Louyse Desmarets, v^{ve} de Jean
Saint-Génard... DE VERNOU, s^r de La Fontenelle, idem
que le s^r de la Rivière-Bohneuil et de Bonneuil.

Porte de Vernou : *d'or au chevron de gueulle*
à 3 croissans montans d'azur.

Pouzieux....... Antoine DE VERRINE, s^r de La Godinière.
Azay, *élect.* de Florance Chalmot, v^{ve} de Pierre de Verines,
Saint-Maixent. s^r de La Goubaudière.

Porte de Verrine : .....

Oradoux-Fanoix. Martial de VERTAMONT, s^r de La Bussière.

Porte : *de gueulle au lyon d'or escartelé*
de 5 pointes d'azur esquipolants à quatre d'or.
De mesme que M. de Vertamont, de Paris.

Mont-Jean..... Gaspard DE VESSAC, s^r de la Feuilletrie.
Lorigny ...... François de Vessac, s^r des Moulins.
Louis de Vessac, s^r de Grand-Bois.

Porte de Vessac : .....

Sainte-Souline. . François DE VILLAUTRAY, s^r de Bigno-
salle, issu de l'Eschevinage ancien d'An-
goulême.

Mauprevoir.... Anthoine DE VILLEDON, s^r de La Rivière.
Pierre de Villedon, s^r de La Grange.
Abraham, Jean, Pierre et Guy de Villedon,
et les autres. Elect. de Saint-Maixant à
Gournay.

Porte : *d'argent à trois fasces ondées de*
gueulle.

Asnières, Ora- Pierre DE VILLEDON, s^r de La Grange.
doux-Fanoix ; Abraham et Jean de Villedon, s^{rs} du dit lieu.

Chef-Baulonne, Jean, s^r de Boisroger.

élect. de Niort. Pierre, s^r de Juignac.

St-Médard, élec. Guy, s^r du Breuil.

de St-Maixant. Abraham, s^r de La Chevrelière.

Gournay, idem. Gabriel, s^r de St-Rue.

Franc, s^r de Chaignepin.

Jacques, s^r de Drouillac.

Et Charles de Villedon, s^r de Gournay et de La Rye.

Porte : *d'argent à 3 fasces ondées de gueulle.*

E

Sommières..... Antoine ESCHALLARD, s^r de la Grange-Chastillon.

Balthazard, s^r de Genouillé.

(De cette maison estoit le marquis de la Boullaye et le comte de la Marche.)

Porte : *d'azur au chevron d'or.*

Linazay...... Jean ESCHALLE, s^r de Maignon.

Louis Eschalle, s^r de Genouillé.

Porte Eschalle : *d'hermine à 3 testes de lyon arrachées d'argent.*

F

Poitiers (ville).. Louys FAUDRY, s^r de la Bréaude.

Porte Faudry : *d'azur à 3 ranchers d'argent posez en fasce.*

Peroux........ Jacques FERRÉ, sʳ de la Fa.

Latus......... Damoisello Marie Ferré.

Saint-Romais... Jean Ferré, sʳ de la Courade.

Moustier...... François Ferré, sʳ de la Fougère.

Pindray...... Jacques Ferré, sʳ des Auges.

Louis Ferré, sʳ de la Garnerie.

Pierre, sʳ de la Perrage.

Louis, sʳ de Pindray.

Porte Ferré : de gueule à 3 fleurs de lys
d'or, 2 et 1.

Poitiers........ Jean FILLEAU, doyen des docteurs en droit
et advocat du Roy à Poictiers, annobly
par lettres confirmées par le billet de retenue. — Il est chevalier de Saint-Michel.
Jean Filleau, sʳ de la Tousche, son fils, et
les autres enfants des deux lictz.

Porte Filleau : de gueule à la fasce d'argent
accompagnée de 3 coquilles d'or.

Brux......... Jehan FLEURY, sʳ de la Raffinière.
Idem ceux de l'élection de Niort et de l'élection de Fontenay.

Porte Fleury : d'argent à l'aigle esployée de
sable.

Saint-Clémentin. Jacob FOURESTIER, sʳ Du Teil.
Jacob Fourestier, sʳ Du Coudray.

Porte Fourestier : d'azur au chevron d'or
surmonté d'un lozange de mesme en chef, à
un gland d'or avec sa coupelle en pointe.

Ceaux......... Gabriel FRACARD, sʳ des Houlières.

Porte Fracard : de gueule à 3 fleurs de lys
d'or.

Latua........ Pierre FRICON, s^r de la Dauge.

Charles Fricon, s^r de Bourchenier.

Marie Fricon, v^{ve} de Légier Négrier, s^r de la
  Payre.

  Porte Fricon : *d'or à la bande ondée de sable.*

Bouresse...... Louis FROTTIER, seigneur de la Messelière,
  aisné de la famille.

Limalonges.... Benjamin Frottier, s^r de la Coste-Messelière.

Ceaux........ Dame Anne Frottier, v^{ve} de Nicolas Fonteneau.

Charles Frottier, s^r de Chamousseaux.

Damoiselle Adrienne Frottier, Philippe Frottier, s^r de l'Escorcière.

  Porte Frottier : *d'argent à dix fasces de
  gueule partagées par une vergette de gueule
  mises en pal 2, 2 et 1.*

Montamisé..... René FOURNY, s^r de Beaulieu.

Vendœuvre.... Henry, s^r du Jonc, s^r de la Roche et du Jonc.

  Porte Dujonc-Fourny : *d'azur au chevron
  d'or surmonté d'un lozange de mesme en chef
  à un gland d'or avec sa coupelle en pointe.*

Poitiers...... Pierre FUMÉE, escuyer, s^r de Jaunay et ses
  enfants.

Pierre Fumée, seigneur de Jaunay, conseiller
  d'Estat.

Claude Fumée, lieutenant-général à Chastelleraut.

N. Fumée, s^r de la Roche, et les autres.

  Porte Fumée : *d'argent à 6 lozanges ou
  fusées de sable, 3, 2 et 1.*

G

Poitiers...... Jean GABRIAUT, s^r de Riparfond.

St-Varant (élect. de Thouars).. {Jean Gabriaut, s^r d'Argentine, son frère.

Porte : *d'azur au cerf courant d'or.*

Gourgé...... Damoiselle Anne GABRIAUD, v^{ve} de Charles Esmard, s^r de la Roche, aux enfans (cy devant à la lettre A soubz l'article de Ch. Aymard, avec Charles, Anne et Marie Aymard leurs enfans).

Saint-Sauvant.. Pierre GARNIER, s^r de Cormorant.
Chenay....... N. Garnier, s^r de la Roche-Vineuse.
P. Garnier, s^r de Briguell.
Vieil-Ceris..... P. Garnier, s^r de la Chebassière.

Porte Garnier : *gironné d'or et de gueule.*

Partenay...... Louys GARNIER, s^r de Fénery.
Jacques, s^r de Surin.
Damoiselle Suzanne Garnier, sa sœur.

Porte : *d'azur à 3 roses d'argent, tiges et pointes de sinople.*

Lezay....... Damoiselle Catherine GAUDIN, v^{ve}. de N. Bellivier, s^r Desprez.
Fille unique de Anthoine Gaudin et de damoiselle Cath. Bellivier.

Porte : *d'argent à 3 chevrons de sable.*

Poitiers...... Claude GAULTIER, escuyer, s^r du Breuil, docteur régent en droit, issu de la ville d'Angers.

Porte Gaultier : *d'or à la fasce de gueule accompagnée de 2 merlettes de mesme en chef, et une estoille de mesme en pointe.*

Lezay........ Jean GEOFFROY, sr de Toille et des Bouchaux.

Porte : *d'azur à 3 chevrons d'or.*

Benassay ..... René GIBOUREAU, sr de la Rousselière.
Charles Giboureau, à Arçay, élection de Niort.

Porte : *de gueule à 3 croix pattées d'argent.*

Poitiers.. ..... Antoine GIBOUT, chevalier de l'ordre de Saint-Michel.

Porte.....

Tessonnière.. ... André GILBERT, sr de Chasteauneuf.

Porte : *d'argent à l'aigle à 2 testes de sable.*

Gourgé........ Damoiselle Anne GIRARD, dame de la Girardière.
Saint-Vincent.. . René Girard, sr de la Tour-Blanche.
Sompt.. .... Abraham, sr du Pinier-Marceau.

N. Girard, sr de la Valade en Angoumois, aisné de cette branche.

(Et les aisnés de toutes les branches de ladite famille de Girard. Ce sont les seigneurs de Beaurepaire et des Eschardières, et Mr Girard le procureur-général de la Chambre des comptes de Paris, et les autres de son alliance).

Porte Girard : *d'azur à 3 chevrons d'or.*

Journet........ Gilles GIRARD, sr de Moulin-Neuf.
Damoiselle Charlotte Vaillant, vve de François Girard, sr de Champignolles.

Bonaventure et François Girard, ses enfants.
Damoiselles Charlotte et Marguerite.

Porte Girard de Champignolles : *d'argent à 3 fleurs de lys d'azur au bouton posé en bande d'or à la bordure de mesme chargée de 6 cœurs de gueule.*

Rouillé. . . . . . . Charles GOURGEAULT, sr de Venours.
Charles, sr de Besles.
Olivier, sr de la Mollaine.
Louys, sr de Passac.
Claude, sr de la Boissière.
Charles, sr de la Croix-Partenay.
Autre Charles, sr de la Perr..tière.
Pierre, sr du Mas, et autres.

Porte : *de gueule au croissant montant d'argent.*

Partenay. . . . . . La vve de Jacques GRUGET, sr du Chaillouais avec les autres Gruget, dans l'eslection de Chastellerault, à Thiers et autres paroisses, — issus de la mairie de Poitiers avant 1600.

Porte : *de gueule à la fasce d'argent chargée de 2 demy-vols de sable, un soleil d'or en chef, et une rose d'argent pointée de sinople en pointe.*

Enjambes. . . . . Louys GUÉRIN, sr de la Courtilière.
Le Vigean. . . . . Charles, sr du Plessis, son père.

Porte : *d'azur à 4 lozanges d'or 2 en fasce et 2 en pointe.*

Tessonnière. . . . Jacques GUIGNARD, sr de la Salle avec ses frères et sœurs.

Porte de Guignard : *de sable à 3 chevrons d'argent chargez d'hermines.*

Celle-Levescau. . . Tanneguy GUILLIER, sr d'Asnières.

> Porte : *d'azur à 9 bezans d'or mis en pal 4,*
> *4, et 1.*

Cussac. . . . . . . Isaac GUILLEMIN, sr de Léaumont.
Guillemin, sr de Puygré et de Chaumont.
Jean Guillemin.

> Porte Guillemin : *d'or à 2 bandes de sable,*
> *chargées de 3 estoilles d'argent, et une au chef*
> *de gueule.*

GUILLON. V. de Guillon.

Saint-Romain . . Damoyselle Lefranc dame de Berrier, vve de
Guy GUYTARD, sr du Berryer.

> Porte Guyttard :

Gourgé. . . . . . . Jacob GUISCHARD, seigneur d'Orfeuille,
issu cadet de la famille des Guychard.

> Porte : *d'argent à 3 testes de léopard arra-*
> *chées de sable 2 et 1.*

Maynevoir. . . . . . Pierre GUYOT et son fils, sr des Feraudiers
et des Combes.

Payroux. . . . . . . Jean, sr du Barboteau.

Asnières. . . . . . . Jean, sr du Rivaut.

Archigny. . . . . . Mathieu, sr d'Asnières.

Maserolles. . . . . Jean, sr de Fanet.

Saint-Quantin. . Estienne, sr de Châteaugaillard.
René, sr des Petits-Champs.
Estienne, sr du Doignon.

> Porte Guyot : *d'or à 3 perroquets de sinople.*

Cussac . . . . Pierre DUDOUSSET GUILLOT, sr du Dousset
et du Puy et de Cussac.

4

Léonard du Dousset Guillot, s^r du Dousset et de la Vau.

Porte du Dousset Guillot : *de sable à 3 be-zans d'or.*

H

Availles.. . . . . . . Vincent HILAIRE, s^r de Lestang de Bagneux et autres places.

François, s^r de l'Estang de Bagneux.

René, s^r de la Brouée.

Autre René, s^r du Rivau.

Damoiselle Marie Hilaire.

Porte Hilaire : *d'azur à 3 tours d'argent.*

J

Chizé. . . . . Jean JACQUES, escuyer, s^r de Chizé et les autres.

La veuve de François Jacques, s^r du Prunier.

Porte Jacques : *d'azur à 3 coquilles de St-Jacques d'or, 2 et 1.*

Poitiers.. . . . . . Marc JARNO, s^r du Pont, procureur du roy à Poitiers.

Mathieu, s^r de la Bonnauderie, son frère.

Porte Jarno : *d'azur à 3 encolures et testes de cygne d'argent becquées de sable.*

Poitiers.. . . . . . Jean JAUMIER, s^r de Saint-Goard, trésorier de France.

Et son frère.

Porte Jaumier : *d'azur à 2 pals d'or accom-pagnez d'un soleil de mesme au cœur de l'escu.*

Poitiers.. . . . . . Jean IRLAND, s^r de Beaumont, lieutenant
criminel à Poitiers.

Cloué. . . . . Robert, s^r de Fief-Clairet, son frère.

Saint-Sauvant.. . Jacques, s^r de la Souvagère.
Bonaventure, trésorier de l'église St-Hilaire;
Louis, doyen de St-Hilaire, son frère;
Louis, fils de Bonaventure.

Porte Irland : *d'argent à 2 fasces de gueule
et 3 estoilles d'azur en chef.*

François JOUBERT, s^r du Puy.
Jacques, s^r de la Touche-Millotière.
Hippolyte, s^r de Beauvais.

Porte Dupuy : *de gueule à 3 tours d'or maçonnées de sable du premier.*

JOUSSERAN. V. De Jousseran.

Châteaulizant.. . René JOURDAIN, s^r de Peyroux.
Pierre, s^r de Boistelle.
N..., s^r de l'Hommède.

Porte Jourdain : *d'argent à une croix de
St-Antoine de gueule.*

L

Availle. . . . . . . Bernard DE LABROUE (Labrouste), s^r de
Vareilles.
Dame N..., v^{ve} du s^r du Poyau, fils dudit
s^r de Vareilles.
Porte...

Pressac. . . . . . . Georges LAURENS, s^r de Lezignac.

Montjean. . . . . Pierre, s^r du Coudret.

Lorigny . . . . . . Damoiselle Catherine Laurens.

Porte Laurent : *d'argent à 2 aigles de sable.*

La Chapelle-
Pouilleux. . . . . Gabriel LAURENS, sr de la Tour.

Jean, sr de Pierre-Folle, autre famille que
les deux autres branches des Laurens.

Porte Laurent : *d'or à 9 testes de sanglier
arrachées de sable 2 et 1.*

Vendœuvre . . . . Paul LEBEL, sr de Bussy.

Porte Lebel : *de sinople à la fasce d'argent.*

Oroux . . . . . . Joseph LEBAUD, sr de la Chaussée.
Thénezay. . . . . . La vve Claude Lebaut, sr du Teil.
Charles, sr du Peu.
Jacques, sr de la Forest.

Porte Lebaut : *d'argent à un corf passant
au naturel soustenu de 2 aigles de sable.*

Neuville . . . . . . François LEBLANC, sr de St-Charles, issu
des anciens échevins de Poitiers.

Porte : *d'azur au cygne d'argent.*

Rom.. . . . . Pierre LECOMTE, sr du Rivau, maintenu par
arrest de MM. les commissaires généraux.
Limalonges. . . . René Lecomte, sr de la Doix.

Porte.....

Usson. . . . . Pierre LEROY, sr de la Boissière.
Saint-Secondin.. René, sr de la Fougeallière.
Philippe, sr de La Vergne.
Guy, sr de la Vergne.
Catherine de Montsorbier, vve de Pierre Leroy,
sr de Ceré.
René, sr de Font-Gaschet.

Porte Leroy : *de sable au lyon d'argent couronné lampassé et armé de gueule, chargé de
3 roses de gueules boutonnées d'or.*

Clessé........ Paul LEROY, s^r des Arnolières, autre famillo
que les autres ci-devant.

Luxay. Élection Jean, s^r de la Bodinière.

de Thouars .... Porte Leroy des Arnolières : *d'azur à 3
estoilles d'or 2 et 1, et une fleur de lys du
second en abisme.*

Sanxay........ N. LEVESQUE, s^r de Marconnay et de Sanxay.

Rouillé........ Gabriel Levesque, s^r de Boisgrollier.

Porte Levêque : *d'or à 3 bandes de gueule.*

Châtillon....... Judith d'Auzy, v^{ve} de Cézar LHUISLIER, s^r de
Chalandreau.

Porte Lhuislier : *d'argent à 3 ondes d'azur
surmontées d'un tréfle de sable et d'un tourteau de gueule.*

Poitiers....... Philippe LEPEUSTRE, s^r de Grandmaison,
trésorier de France.

N. Lepeustre, chanoine de St-Hilaire, son
aisné.

Porte Lepeustre : *d'azur à la licorne d'argent.*

Poitiers (ville)... François LUCAS, s^r de Vangueil et ses
enfants, renvoyé à Scorbé, élection de
Chastelleraut, lieu de leur demeure.

M

Joseph MAISONNIER, s^r de Rochereau, et
son frère.

Issus de l'échevinage de Poitiers.

Porte Maisonnier : *d'azur à une maison
d'argent.*

Negrat . . . . Gaspard NANCIER, s^r du Puy-Robin.

Pierre Mancier, s^r de la Vergne.

> Porte Mancier : *d'azur à 3 mains d'argent ; support , 2 léopards.*

Chaunay . . . . . }
Excideuil . . . . } Jean MANDRON , s^r de Traversay.

> Porte Mandron : *d'argent à 2 fasces d'azur.*

Poitiers. . . . . . . Claude MAUBUÉ, s^r de Bois-Coustant.

Fontperron . . . . Mre Claude Maubué, m^e d'escolle et chanoine en l'église de St-Hilaire-le-Grand de Poitiers.

Chey . . . . Damoiselle Marguerite Maubué, v^{ve} Antoine de Pons, s^r de la Caillaudière.

> Porte Maubué : *d'azur à 3 roses d'argent 2 et 1. Porte my party de Maubué et de Fumée qui est Fumée : d'argent à 6 lozanges de sable 3, 2, et 1.*

La Ferrière. . . . Antoine MAYGRET, s^r de Villiers et sa sœur.

Availle. . . . . . . Pierre, s^r de Froidefond.

Pressac. . . . . . . Michel, s^r de Fontlebon.

Jean, s^r de Fontjames.

Nicolas, s^r de Chassemigou.

Philippe, s^r de Champdolent.

> Porte Maygret : *d'azur au baston pery en bandes accompagné de 3 fleurs de lys d'argent.*

Saint-Pierre-
d'Excideuil. . . . Damoiselle Marie Millet, v^{ve} de Blaise DES-MÉES, s^r de Fontaffre.

> Porte Desmées : *d'azur à la fasce d'argent chargée de 2 roses de gueule ; au lambel d'argent de 3 pendants mouvant du chef, à une rose du second en pointe.*

Poitiers....... Pierre MILLON, sr de la Touche-aux-Preux.
François, chanoine de l'église cathédrale de
Poitiers.

Porte Millon : *d'azur à la fasce d'or accompagnée de 3 roses d'argent 2 et 1, et un soleil d'or au milieu du chef.*

Pompeyre...... Pierre MOREAU, sr du Plessis-Chamusson.

Porte Moreau : *d'azur à un murier d'argent.*

Prossac........ La dame marquise de St-Victurnien, vve du
St-Victurnien... feu sr de MORTEMAR, du nom de Rochechouart.

Porte Mortemart - Rochechouart : *ondé d'argent et de gueule de 6 pièces, alias : enté en fasce de gueule et d'argent.*

Rouillé....... Gédéon MOYSAN, sr de Logerie et ses enfans
Louys et Bonaventure.

Porte Moysan : *d'azur à 3 croissans montant 2 et 1 à une rose d'or au cœur de l'escu.*

Cheneché...... François MOURAUT, sr de Cremille, très-
ancienne famille qui despuy peu est tombée
en quenouille.

Porte Mouraut : *d'azur à 3 fasces d'argent la 1re et dernière chargée de 3 billettes de gueule 2 sur la 1re et 1 sur la dernière, au chef de mesme.*

Poitiers....... René MULLET, sr de Font-Regnier.
Jean, sr de la Groslière.

Porte Mullet : *d'azur à une jumelle costoyée de 6 estoilles à 6 rais d'argent.*

N

Availle.	David NEGRIER, sr de la Dauge.
Millac.	Nicolas, sr de Chassemigon.
	Renée, dame de la Trunerie.
	Daniel, sr de la Payre.

Porte Negrier : *d'argent au chevron de gueule chargé de 3 testes de more de sable au bandeau d'argent.*

Blon. Vaurix. . .	Pierre NAULLET, sr de Rouslas.
Fraize	Jean, sr de Naulet.

Porte Naulet : *d'azur au baston d'argent péry en bande accompagné de 3 fleurs de lys de mesme 2 et 1.*

P

Le Vigean.	Gaspard PANDIN, sr des Jarriges.
	Josué, sr de la Retardière.

Porte Pandin : *d'azur à 3 pals d'argent, au chef d'or.*

Limalongs.	Cézar PEPIN, sr de Fredouville et damoiselle Marie de Puyguyon sa veuve, sans hoirs.

Porte Pepin : *d'argent à 9 sautoirs de sable mis 3 à 3 séparez par un triangle du second.*

Latus.	Charles PETITPIED, sr d'Ouzilles, issu d'un secrétaire du Roy, maintenu par arrest de MM. les commissaires généraux.

Porte Petitpied : *d'azur à une tortue d'argent, 3 fusées en chef, et 2 en pointe de mesme.*

Reyn.......... Pierre PELLARD, sr de la Guillonière.

Damoiselle Marguerite de Marconnay, vve de Jean Pellard.

Olive.

Jean.

Louis.

Philémon, ses enfans.

Porte Pelard : *d'argent à l'aigle double esployée de sable membrée de gueule.*

Poitiers........ Claude PIDOUX, sr de Malaguet et ses frères.

Chey......... Claude, sr de Nesde, dame Anne de Liniers sa veuve.

Chastellerault.. Charles, sr de Poylle et ses frères.

Porte Pidoux : *d'argent à 3 lozanges frettés de sable 2 et 1.*

Bonnes........ René PIGNONNEAU, sr du Teil, marié à une de Ste-Marthe sœur de Nicolas de Ste-Marthe, morte depuis peu aagée de plus de 86 ans.

Estienne, sr de la Chapelle.

Louys, sr des Mines.

Isaac, sr des Minetières.

Porte Pignonneau : *d'argent à la fasce fuselée de 3 pièces et deux demyes.*

Mesle......... Charles POIXPAISSE, sr de la Rousselière.

Porte : *d'azur à la fasce d'argent à 3 fleurs de lys de mesme 2 et 1.*

Pompeyre..... Bacolet POUGNANT, issu de l'échevinage d'Angoulesme.

Chaunay...... François PREVOST, sr de Beaulieu.

François, sr du Puybotier.

Porte Prevost : *d'argent à 2 fasces de sable accompagné de 6 merlettes de mesme 3, 2 et 1.*

R

Montamizé..... Jean RICHARD, s^r de la Roche, — issu des anciens maires de Poitiers.

Il n'y en a plus qu'un de cette famille, habitué en Picardie.

Porte Richard : *de sinople au chevron d'or à 9 pigeons d'argent becqués et membrés de sable.*

Vivonne...... Louis REYGNIER, s^r de la Planche et du Teil.
Aubin, s^r de la Minière.
Autre Aubin, s^r du Lude.
Daniel, s^r de Lambrunière.
Pierre, s^r du Puy.

Porte Reignier : *d'argent au lyon de gueule couronné lampassé et armé d'or.*

Saint-Secondin.. Jacques RESTY, s^r de Vitré.
Antoine, Charlotte et Elisabeth, frère et sœurs.
Issus de l'échevinage ancien de Poitiers.

Porte : *de gueule à la rivière d'argent ondée de sable surmontée d'un cygne nageant du second accompagné d'une comète de 8 rais au canton dextre.*

Marçay....... Jean ROGIER, s^r de Puy-Poyrier, advocat du roy au bureau des finances, echevin de la ville de Poitiers, et fils d'un eschevin qui avait été maire en l'an 164....

Porte Rogier : *d'argent au chevron d'azur à 3 roses de gueule boutonnées d'or et pointées de sinople.*

Benassay........ Antoine REIGNIER. — Autre famille que la
précédente.

Louis, sr des Brochetières.

Jean, sr de Champdevaux.

René, sr de la Brochetière.

François, sr d'Availle.

Isaac, sr du Cousteau.

François, Reignier.

(Idem à Fontenay, Mauléon et St-Maixent).

Porte Reignier : *d'azur à 3 coquilles d'argent 2 et 1.*

Benassay........ René ROUSSEAU, sr de la Boissière.

Jacques, sr de Nezay.

Achille, sr de la Cour.

Porte Rousseau : *d'argent à la bande de gueule.*

Jazeneuil........ René RABAUT, sr de la Vau-de-Breuil.

Jacques, sr de la Gaucherie.

Porte Rabaud : *fascé de 6 pièces de gueule et d'argent, chargé aux 2 premières fasces d'un triangle de sable.*

Gourgé......... Louys RICHIER, sr de la Foye-la-Peyratte.

Jacques.

Garnier, sr de Poigne son frère.

Porte : *d'azur à 3 trèfles d'or, 2 et 1.*

Saint-Léomer... Louys RAVENEL, sr de Roygné.

Journet........ René.

La Trémouille .. Jacob, sr du Lys.

La veuve Ravenel, sr de la la Béraudière.

Louis, sr de la Rivière.

Jacques, sr de Reygne.

Poitiers. Thorigny (élection de Fontenay).... { Jean ROUX, sʳ de Lusson.
Gabriel, sʳ de la Salle.

Porte Roux : *d'azur à 3 fasces d'argent en devise, au chef d'azur.*

Mignaloux..... Joseph ROATIN, sʳ du Temple.
Claude, sʳ de Cigogne, oncle du précédent.
Maurice, sʳ de Beauvais.
Joseph, sʳ de Jorigny.
Tous issus de Guillaume Roatin, eschevin de Poitiers en 1498.

Porte Roatin : *d'azur au chevron d'or accompagné de 3 fers de lance mornés d'argent 2 et 1.*

Poitiers....... Bonaventure REPIN, sʳ de la Ronde.
Louys, sʳ de Mons son fils et les sœurs dud. Bonaventure.

Porte Repin : *d'or au rameau d'olive de sinople posé en pal penchant du côté droit.*

Poitiers....... Pierre RIOUL, sʳ d'Ouilly, receveur général des tailles, anobli par le roy Henri IV en l'an 1596; maintenu par sentence de Mʳ Roullier intendant de la province de Poitou le 10 décembre 1670. — Famille issue de Normandie.

Porte Rioul : *d'azur à une aigle esployée de sable.*

S

Mauprevoir.... François SABOURAULT, sʳ de Montpommery.
Porte : *d'azur à 3 espées d'argent au sautoir*

de gueule cantonné de 4 quintefeuilles de gueule.

Sanxay. Les Moustiers-sur-le-Lay (élection de Fontenay) . . . . . } Pierre SAVARY, sr de Ferson.

Idem les suivants ès-paroisses et élections marquées à côté de la même famille.

St-Hilaire-de-Vouhis . . . . { Jonas Savary, sr de Belleterre.
Pierre, sr de Magny et de Chastenay.
Thorigny (élect. de Fontenay . . { Charles Savary, sr de l'Étang.
Isaac, sr du Chastenay.
Breuil-Bernard . Jean Savary, sr de Villiers (élect. de Thouars).
Saint-Hilaire-de-Courlay . . . . . } Pierre, sr de la Grollière (élect. de Mauléon).
La Bussière . . . . Daniel, sr de la Bussière.

Jacques, sr de la Bédoutière.

Damoiselle Catherine Savary.

Tous de la même famille que led. sieur de Ferson cy-dessus. — Très-ancienne famille.

Porte Savary : *d'argent à une croix engrelée de gueule à l'orlet de pourpre, chargé de 9 tourteaux de gueule.*

Civaux . . . . Pierre SAVATTE, sr de Genouillé.

Issu autrefois d'Angleterre.

Porte Savatte : *d'or à une semelle de soulier mise en pal.*

Partenay . . . . . . Pierre SIMONNEAU, sr de Mauzay, issu des anciens eschevins de Niort — cy après soubz le nom de Jean Simonneau.

Porte Simonneau : *d'argent à 3 manchettes d'hermines de sable.*

Amaillou . . . . . . Julien SOUCHET, sr de Villebouin.

Porte : *d'argent à 3 merlettes de sable.*

Maisonnay.. . . . . Jacques STUART, comte de la Vauguyon.

Porte Stuart ; *de gueule cantonné de 4 quintefeuilles de mesme.*

T

Lussac . . . . Mathurin TAVEAU, sʳ de la Bussière.
Queaux.. . . . . . . Isaac Taveau, sʳ de la Rue.
Damoiselle Jeanne Taveau, dame de Puy-Tesson.
Et les autres, élection de Saint-Maixent.

Porte Taveau : *d'or party de gueule en chef à 2 pals de vair.*

Ceux de la Tour-aux-Conioux portent my party de Taveau et de la Tour qui sont : *d'argent à 5 fleurs de lys d'azur 3 en chef et 2 en pointe.*

Ciré . . . . Pierre TIRAQUEAU, sʳ de Puy-Buzin, idem que les autres du nom.
Gençay . . . . Le sʳ de la Jarrie et de la Charronnière et autres (élections de Fontenay et de Thouars), et ceux de Paris.

Porte Tiraqueau : *d'argent à la fasce undée d'azur, surmonté de 3 merlettes de sable en chef.*

Romaigne. . . . . François TISON, sʳ de la Forge.
Usson. . . . . Antoine, sʳ de la Bédaudière.
François, sʳ des Salles.

Porte Tizon : *d'azur à la fasce d'argent accompagnée de 4 fleurs de lys de même.*

Vandœuvre . . . . François THIBAUT, sʳ de la Carte et de la Chaloumière.

Chapelle-Bâton   Idem que les s^{rs} de la Carte et des Essarts à
(élect. de Niort).   Fenioux et à Chapelle-Bâton, élections de
    Niort et de Saint-Maixent.

    Porte Thibaut : *d'azur à une tour d'argent.*

Ciré. Gencay...   Charles THUBERT, s^r de Coussay, issu de
    l'échevinage de Poitiers l'an 1616.

    Porte.....

Allonne.......   Claude TUSSEAU, s^r de la Tour.
    René, s^r de la Bironnière.
    Louys, s^r de Maisontiers, l'aisné de la famille.
    Antoine, s^r de Favrelière et autres, cy devant.

    Porte de Tusseau : *d'argent à 3 croissans*
    montant de gueule.

Champagné-   René TOUZALIN, s^r de Tamponoux, annobly
Saint-Hilaire...   par lettres confirmées.

    Porte.....

V

Mazerolles.....   Nicolas VACHER, s^r de Pouge, annobly par
    lettres confirmées.

    Porte.....

Chastaing.....   Jean VESRINAUT, s^r du Mas.
Adriers.......   La v^{ve} de Jean Vesrinaut, s^r de la Ferrière.
Moustiers......   Pierre, s^r du Bois-Giraud.
    Louis, s^r de la Bourgeresse.
    René, s^r de la Forest.

    Porte Verinaut : *de sable à 3 croissans mon-*
    tant d'argent 2 et 1 à la bordure bordée de
    gueule.

Couhé.. . . . . . . Michel VESLON, s^r du Colombier.

Rom.. . . . . Jean Veslon, s^r du Fouilloux.

Porte Veslon : *d'argent à 9 testes de veau au naturel 3 et 1.*

Poitiers.. . . . . . Pierre VIDARD, s^r de Mont-Marquelin.

Pierre, s^r de la Ferraudière.

Mathieu, s^r de St-Clair.

Etienne, s^r de St-Etienne.

Porte : *de gueule à 6 dards d'argent 3 en chef passez en sautoir, et 3 en pointe.*

Poitiers.. . . . . . François VINEAU, docteur-régent en la Faculté de médecine, issu de l'échevinage de Niort en 1591.

Porte Vineau : *d'azur à 3 flammes d'or en devise.*

Availles.. . . . . . Hilaire VINCENT, s^r de l'Etang de Bagneux.

Au^{tre} Hilaire Vincent, s^r de l'Etang.

Porte.....

Voir H. à Hilaire.

Y

Charles YONCQUES, s^r de Sevret.

Porte Yoncques : *d'argent à 3 cerfs naissans de sable.*

ÉLECTION DE CHATELLERAULT.

A

Paizay-le-Joly .. Maximilien AUBRY, s^r de la Fontaine et du Mûrier.

Saint-Remy-en-Anjou...... { Louis, s^r de la Toucherie.

Porte Aubry : *de gueule au croissant montant d'or accompagné de 3 trèfles d'argent.*

B

Marigny...... { Louise BEAUSIGNY, v^{ve} de Georges d'Aigret.
Marmande....

Saint-Remy.... Damoiselle Marie BARBOTIN, v^{ve} de Abrah. Duchesne. — V. Duchesne.

Senillé....... Damoiselle Françoise de BESLAC, v^{ve} de Duboys, s^r de la Morinière.

De Beslac porte : *d'azur au chevron d'or de 2 pièces.*

Bertrand BARACHIN, s^r des Moulins, — idem, élect. de Poitiers.

Porte Barachin : *de gueule bordé de sable, au lion d'or.*

5

C

Antran........ Pierre COURTINIER, s^r de Valançay. —
V. élect. de Poitiers.

Oyré.......... Renée CHASTAIGNER, fille du s^r Duvergier
de la Roche-Pozay.

Porte Chastaigner de la Roche-Pozay : *d'or
au lion de sinople langué et armé de gueule.*

Usseau....... Aimé CARRÉ, s^r de la Motte, annobli par
lettres confirmées.

Porte Carré : *d'argent à une bande de sable
chargée de 3 roses d'argent.*

Antoigné...... Georges COMPAING, s^r de la Tour-Girard,
et son frère demeurant à Poitiers.

Porte Compaing : *d'azur à 3 fasces d'or, 2
étoiles de même en chef, et d'un cœur de
gueule navré d'une flèche au-dessoubz de la
première fasce, et d'une étoile d'or au dessoubz
de la seconde.*

Senillé....... Benjamin CHASTEAU, s^r du Pin.

Porte Chasteau : *d'azur au chevron d'or à
2 tours d'argent en chef et un sanglier au
naturel en pointe.*

D

Saint-Jacques... Léon DOUAT, s^r de l'Alleu.

Porte Douat : *d'or à un émerillon de gueule.*

Saint-Jacques... . La damoiselle DE SALVERT.

Jean de Salvert, sʳ de la Tapisserie.

Issus de l'échevinage ancien de Tours.

Porte de Salvert : *d'azur au chevron d'or accompagné de 3 étoiles de même.*

Damoiselle Louise Gendraut, vᵛᵉ de feu Nicolas DE TERVES, sʳ de l'Herbaudière.

Nicolas, Jacquette, Marie, Anne-Gabrielle et Marie de Terves, leurs enfants mineurs.

Charles de Terves, sʳ des Glandes. — V. élect. de Thouars.

Porte de Terves : *de Bretagne à la croix de gueule brochant sur le tout.*

Saint-Jacques... . Damoiselle Elisabeth Damours, vᵛᵉ de Jacob DE LA JOYRIE, sʳ dud. lieu.

Porte de Joyrie : *d'azur à une tour d'argent maçonnée de sable, bretezée et contre-bretezée et castellée de 3 pièces, à 2 étoiles de même en chef.*

Marigny. . . . . . Gabrielle de Marbeuf, vᵛᵉ de Charles DESIGNY, sʳ de la Plaine, et leurs enfants.

Brezay. . . . . . . Le sʳ de Sᵗ-Philbert.

Porte Designy : *d'argent à la fasce fuselée de gueule de 7 pièces.*

Moussay. . . . . . Samuel D'OUTRELEAU, sʳ de Beaulieu.

Porte Doutreleau : *de gueule à 3 croissants montant d'argent.*

Coulommiers. . . Bertrand-Roger DE MARS, baron du Colombier.

Emmanuel-Philbert, Jean, Benigne, Jean-Baptiste, et autre Emmanuel Philbert.

Porte de Mars : *de gueule fretté d'or, au chef échiqueté d'or à 3 pièces d'or et de gueule.*

Saint-Genest . . . Louis DE VAUXELLE, sʳ du Pouet.
Jacques, sʳ de Villemort.
Idem que les sʳˢ de la Razillière à Bilazay, élection de Thouars.

Sully . . . . Charles DUGUET, sʳ de la Voûte.

Porte Duguet : *d'azur à un écu d'argent en abîme accompagné de 3 têtes de brochet d'argent 2 en chef, 1 en pointe.*

Orches . . . . Damoiselle Marie d'Olivet, vᵛᵉ du sʳ DE SA-
ZILLY et du Moignon.
Du nom de Sazilly : Madeleine de Sazilly.

Porte de Sazilly : *de sable à 2 léopards d'argent.*

Saint-Remy. . . . Elisabeth DAVYAUT, dame des Clouzeaux.
Louis Daviau, sʳ de Pyolans.
Jacques Daviau, sʳ du Relais.
Maintenus nobles par arrest de MM. les Commissaires généraux.

Porte Daviau : *d'argent au lion de gueule à la queue fourchée.*

Thiers. . . . . . . Louis DE LA TOUSCHE, sʳ de Beaulieu.
François de la Touche, ayné du président.
Louis, sʳ de la Guitière, et les autres du nom.

Porte de la Touche : *d'or au lion de sable couronné, lampassé et armé de gueule.*

Thiers. . . . . . . Charles DE SAUZAY, escuyer, sʳ des Chas-
telières.

Pierre, escuyer, s^r de Boisferrand et autres,
à Poitiers.

Jean, escuyer, s^r du Breuil-Mairaut, son fils
aîné, à Soudan, Elect. de Saint-Maixent.

Ledit Charles, fils de Maurice de Sauzay,
escuyer, s^r de Beaurepaire, aisné de la
famille, qui laissa Pierre de Sauzay, son fils
aisné, qui est mort et a laissé Pierre de
Sauzay et Jean de Sauzay mineurs.

Porte de Sauzay : *d'azur à la tour d'argent
brezetée de 5 pièces, maçonnée de sable,
porte béante hersée à la herse sarrasine, 2
étoiles d'argent en chef, élevée sur une terrasse de sinople.*

Usseau.	Prosper DES MONTS, s^r de la Rintrice.
Le Gué-s.-Usseau	François, s^r de Grand-Champ.
Saint-Amans . .	Jean, s^r de Grand-Mont.
Chatellerault. . . .	Pierre, s^r de la Salle.

Bonaventure, s^r de Torsay.

Marc, s^r de la Paizardière.

François, s^r de la Coste, et les autres.

Porte Des Monts : *d'argent à la bande de
gueule chargée de 3 griffes de lion d'or, accompagnée d'une aigle double esployée d'azur
au-dessus, et 3 mouchetures d'hermine au-
dessous.*

Usseau.	Florimond DE GAIN, s^r de la Goutardière.
Chatelleraut. . . .	François, s^r de Remeneuil.

Porte Degain : *d'azur à 3 bandes d'or.*

Remeneuil.	René D'ARGEANCE, s^r de la Martinière.

Marie de Maurivet, sa veuve et leur fils le
s^r de Soucy.

Porte : *de gueule à une fleur de lis d'argent
en abîme.*

Le Gué-s-Usseau. Jacques DE RUIS, s^r de la Chenardière, maintenu noble par arrêt.

Les Damoiselles DES OUCHES.

Mondion...... Louis DE FERROU, s^r de Mondyon.
François, s^r de l'Escotière.
Porte de Ferrou : *d'azur à 2 chevrons d'argent.*

Paizay-le-Joli.. Charlotte de St-Martin, v^{ve} de Jacques DE COUHÉ, s^r de l'Aubressay.
Porte de Couhé : *d'azur à 3 gerbes d'or.*

Paizay-le-Joli.. Jean DE BESDON, s^r des Moussoaux.
Joachim de Besdon.
Porte de Besdon : *d'argent à 2 fasces d'azur accompagnées de 6 roses de gueule pointées de sinople et boutonnées d'or 2 et 1.*

Dauge........ Damoiselle Eléonor DUPUYS.
N. Dupuys, escuyer, s^r de la Brouardière, son frère.
Porte Dupuys: *d'azur à 3 chevrons d'argent.*

Dauge........ Louis DU PERRAT, s^r de Maison-Vieille.
Issu de l'Echevinage de Poitiers, en 1571.
Porte du Perrat : *d'azur à 1 tour d'argent maçonnée de sable.*

Saint-Ustre.... Pierre DE LA TOUSCHE, s^r de la Guittière.
V. à Thiers.

Ingrande...... Louis D'ALOIGNY, marquis de la Groix et les autres, les seigneurs marquis de Rochefort et les autres; — dont estoit le maréchal de Rochefort, mort gouverneur de Lorraine et capitaine des gardes du corps du Roy.

Porte d'Aloigny-la-Groix : *de gueule à 5 fleurs de lis d'argent 2, 2 et 1.* — Ceux de Rochefort et les autres de la branche de l'aisné ne portent que 3 fleurs de lis.

Senillé. . . . . . . Louis Duboys, s^r de la Morinière. — Damoi-selle Françoise DE BEZAC, sa mère.

Porte de Bezac : *d'azur à 3 chevrons d'or.*

Leigné-les-Bois.. Honoré DE MACÉ, s^r de la Péruse.
Honoré, s^r de Coupelle.
Jacques, Pierre et Suzanne de Macé.

Porte de Macé : *d'argent à la croix alizée de sinople.*

Leigné-les-Bois.: Marie de Marolle, v^{ve} de Jacques DE MA-ROLLES, s^r de Glenetz. — de même famille, mariés avec dispense.

Porte de Marolle : *d'azur à l'épée d'argent la garde en haut adossée de 2 panaches du second.*

Cenon. . . . . René DE TROCHET, s^r de la Tourterie.

Porte de Trochet : *d'azur à 5 pals d'or.*

La Puye. . . . . . Abraham DE BROSSARD, s^r de la Bellen-gerie.
Idem, Election de Poitiers, et au Blanc, en Berry.

Porte de Brossard : *d'azur au chevron d'or à 3 fleurs de lis du second.*

Cenon . . . . Damoiselle Catherine de Marans, v^{ve} de Louis DE LA BUSSIÈRE; Louis, François

René, Jacques, enfans dud. Louis et de ladite dame.

Jacques, s^r de la Baubertière.

Porte de la Bussière : *d'azur à la bande d'argent et 2 molettes d'or mises également dessus et dessous la bande, surmontée de 2 fleurs de lis de même.*

Cenon......... François DE GUILLON, issu des anciens Echevins de Poitiers.

Bellefontaine... Pierre DE RECHIGNEVOISIN, s^r de la Pagerie et de la Maison-Neuve.

Idem que le seigneur de Guron et les autres du nom.

Porte de Guron : *de gueule à une fleur de lis en abîme.*

Saint-Romain.. Le s^r DE VILLIERS, René de Changié.

Porte de Villiers : *de gueule à la croix d'argent cantonnée de 16 croisettes posées 4 à 4.*

Bonneuil-Matours...... François DE BELLAY, comte dudit lieu ; idem que ceux de l'Election des Sables et les autres.

Porte de Bellay : *de sable à la bande fuselée de 4 pièces d'argent.*

St-Christophe... Emery DE MOSSON, s^r du Bois, du Chaillou et de la Fouchardière.

Porte de Mosson : *de gueule à la fasce d'argent accompagnée de 6 merlettes de même, 4 en chef et 4 en pointe.*

F

Sᵗ-Jean-Baptiste, Claude FUMÉE, lieutenant général à Châ-
de Chatelleraut.   tillon.

        Idem que Pierre *Fumée*, sʳ de la Foye-de-
        Jaunay. — V. Election de Poitiers.

Chatelleraut.. . . Damoiselle Madeleine FERRAND, vᵛᵉ de
        François Le Bossut, correcteur des comptes.
        Pierre Le Bossu, seigneur de Beaufort, leur
        fils.
        De même que les Bossu de Paris.

        Porte Le Bossu : d'or à 3 têtes de mores liées
d'argent.

Chatelleraut.. . . Damoiselle Gabrielle FAUCON, vᵛᵉ de Pierre
        Desmonts, sʳ de Torsay.
        Idem que les autres ci-devant à la lettre D,
        à Thiers.

Aurigny. . . . . . Anne FRANÇOIS, vᵛᵉ de René Thomé, sʳ de
        la Maurinière, et 2 filles.

        Porte Thomé : d'azur à 3 chevrons d'argent
accompagnés de 3 étoiles d'or, 2 en chef, 1
en pointe.

Les Ormes.. . . . {
Saint-Martin.. . } Jacques FRANÇOIS, sʳ du Port.

        Porte François : d'azur à la fasce d'or à 3
étoiles de même en chef et un croissant
montant d'argent en pointe.

G

Saint-Genest. . . Georges GILLIER, sʳ du Puy-Garreau et de
        Marmande.

N. Gillier, sʳ du Plessis-Clerambaut, et ceux
de la Villedieu, aisnés du nom, Election de
Sᵗ-Maixent. — Il y en a du même nom et
famille en Dauphiné.

Porte Gillier : *d'or au chevron d'azur accompagné de 3 mascles de gueule.*

Oyré........ Jean GUILLEMOT, sʳ de l'Espinasse.
Ligné-les-Bois... René, sʳ de la Clergerie et autres.

Porte Guillemot : *d'or à 3 éperons de sable.*

Asnières...... Annet GOULARD, sʳ de Beauvais. — Idem
ci-après avec les autres du nom, Election
de Thouars.

Véluché........ Jacques GRESLET, sʳ de la Touchelay.

J

Marigny-Brizay. Jean JOUBERT, sʳ de Marcay.
Damoiselle Judith Joubert, et le sʳ de Grand-
Champ, son fils.
Charles, sʳ de la Touche-Mailletrie.

Porte Joubert : *de gueule à 3 tours d'or
maçonnées de sable et ouvertes de même.*

L

Sollay........ Pierre LE BOSSU, sʳ de Beaufort.
Damoiselle Marguerite Ferrand, vᵛᵉ de François Le Bossu, mère dud. Pierre. — De la
famille des Le Bossu de Paris.

Porte Le Bossu : *d'or à 3 têtes de more
liées d'argent.*

Orches .... Antoine LEVRAUT, sr de Maintes.
Pierre, sr de la Maison-Neuve.

Porte Levraut : *d'argent à la bande de gueule.*

Scorbé .... François LUCAS, sr de Boesse.
Leigné-les-Bois.. Idem que François Lucas, sr de Vaugueil, trésorier de France à Poitiers, et ses enfants.
Damoiselle Louise Lucas, vve de Louis de la Preuille, chevau-léger de la garde du Roy.
Charles Lucas, sr de la Coustière.

Porte Lucas : *d'or au taureau passant de gueule à 3 roses de même.*

Mondyon.. ..... Pierre LEBRUN, sr des Landes.

Senillé. .... Damoiselle Marie LEJUDE, vve d'Ant. Dupré, sr de la Boulaye, maintenu noble par arrest des commissaires. — Mort sans hoirs mâles.

M

Ouzilly. .... Philbert MARTEL, sr de Tricon.
François, son fils.
Charles, sr de Derée.

Porte Martel : *d'or à 3 marteaux de gueule, 2 et 1.*

Turé .... René MARTINEAU, baron de Turé, fils de Martineau, secrétaire du Roy.

Porte Martineau : *d'azur à 2 demi-vols*

d'argent, au chef d'or chargé d'un croissant de sable.

Paizay-le-Joli . . . Charles MASPARAUT, sʳ de Busseuil.

> Porte Masparaut : *d'argent au lion de gueule à la bordure d'or chargée de 8 tourteaux de gueule.*

Bonneuil - Matours . . . . { Louis DE MARANS, sʳ de Varenne.

P

Chatelleraut . . . . René PIDOUX, sʳ du Vergier. — V. Election de Poitiers.

Saint-Leger . . . . Damoiselle Hélène PAYRAUD, sans hoirs de son chef, vᵛᵉ de feu André BOYNET, sʳ de la Vauguyon, idem que le sʳ de la Fremondière et les autres de Poitiers.

Thuée . . . . Antoine PRUDHOMME, sʳ des Lignes, et ses sœurs.

> Porte : *de gueule à 3 tours d'argent maçonnées de sable, 2 et 1.*

Usson . . . . Hector PIERRE, sʳ de la Bouynière.

Poyré - sous - la - Josias PIERRE, sʳ de Marigny.
Roche (Election Idem aux Sables, au Poyré-sous-la-Roche,
des Sables) . . . avec François Pierre, sʳ du Pono-de-Vic et chef de la famille de ceux du nom de Pierre, très-ancienne noblesse.

> Porte : *d'or à la croix pattée de gueule.*

R

Saint-Leger.... Jean ROULLEAU, sᵣ de la Parisière.
César, sᵣ d'Ivernay. — Idem à Poitiers.

Porte Roulleau : *d'azur à 2 matras d'or posés en sautoir.*

Scorbé, Le Gué- La vᵉ Antoine RICHARD, sᵣ de la Bruma-
sur-Usseau.... lière, et son fils.

Porte Richard : *d'argent à la fasce d'azur chargée d'une étoile d'or et d'un croissant montant d'argent en pointe, accompagné de de 3 roses de gueule pointées de sinople.*

Jacques DE RUYS, sᵣ de la Chenardière.
Maintenu par arrest du Conseil d'en haut tenu à Versailles.

T

Cenon........ René TROCHET, sᵣ de la Tourterie.
Porte Trochet : *d'azur à 5 pals d'or.*

Marigny...... Charles THOMAS, sᵣ de Bois-Morin. —
Maintenu noble par arrest du Conseil d'en haut.

Porte Thomas : *d'argent à la bande d'azur périe en abîme affrontée d'une tête de more de sable au tortil d'argent.*

Montoiron..... Henri TURPIN, comte de Vihiers.
Porte Turpin : *losangé de gueule et d'argent.*

Aurigny. . . . . . . René DE THOMÉ, sr de la Maurinière ; damoiselle Anne *François*, sa veuve.

Damoiselles Françoise, Marie et Catherine de Thomé, leurs filles.

Porte de Thomé : *d'azur à 3 chevrons d'argent, accompagné de 3 étoiles d'or, 2 en chef, 1 en pointe.*

V

Pierre VERGNAUD, sr de la Morinière.

François VEAU, sr de Coesme, maintenu noble par arrest de MM. les Commissaires.

ÉLECTION DE NIORT.

A

Chizé. . . . . Damoiselle Gabrielle Ayraud, v⁰ᵉ de feu
Charles DES AGEAUX, escuyer, sieur des
Ageaux.

Chapelle-Seguin. René ARNAUD, sʳ de l'Age.
Damoiselle Jeanne Mesmin, v⁰ᵉ de Aymon
Arnaud, sʳ du Buisson.

Saint-Denis. . . . Damoiselle Marguerite Aymer, dame de Saint-
Denis, v⁰ᵉ de Josué ADAM, fille unique.
— V. Adam, Election de Saint-Maixent.

Bernard ALGRET, sʳ d'Aulude de Cernanges.

Aubigny. . . . . . . Gabriel AYSLE, sʳ de l'Isle.
Porte Aysle : *de sable à 3 espées d'argent
mises en bande la pointe en bas.*

Germond. . . . . . . Pierre AYMER, sʳ du Lorgnioux.
Porte Aymer : *d'argent à la fasce componnée de sable et de gueule.*

Champagne- Jacques ANGELY, sʳ de Fontcreuse.
Mouton, Allonne, Jean, sʳ de Bonnefont.

Pressac........ Joan, sr de la Ressource, au vieux Ceris, Election de Poitiers.

Porte Angely : *d'argent party coupé à 4 croix raccourcies de sinople aux 4 quartiers.*

De l'Eschevinage de Niort :

Niort........ François ASSAILLY, et François Assailly, son fils.

Jacques AUDOUART, sr des Mées.

Aubin AVICE, sr de Mougon.

Jacques AVICE, sr de Boyneau.

B

Niort........ LAURENS, sr de Beaulieu, Président à Niort.

Porte : *d'azur à 9 feuilles de laurier d'or, 2 et 1.*

De l'Echevinage :

André BRUNET, assesseur.

Jean BRIANT, président en l'Election.

Jean BRIANT, 2e président en l'Election.

Louyse Brillet, vve de Jean GAUGAING.

Jean BIDAUT.

Philippe BASTARD, et Alexis, son père.

Niort. . . . . Louys BERLAND, s^r du Puyvillet.

Même famille que ceux de Poitiers et de Saint-Maixent.

Porte : *d'azur à 2 merlans adossés d'argent à 8 estoilles d'or posées en pal, 3, 2 et 3.*

Vouillé. . . . . . . Gabriel DE BARAZAN, s^r de la Salmondière.

Porte : *d'azur à 3 losanges d'or.*

Aiffres . . . . La v^{ve} de Michel BERTHELIN, s^r d'Aiffres.

Porte : *d'argent au chevron d'azur accompagné de 2 fleurs de lys de mesme en chef et une hermine en pointe ; au chef de gueule chargé de 3 croisilles d'argent.*

V. à Latus, Election de Poitiers. Berthelin.

Beceleuf. . . . . . Charles BROCHARD, seigneur de la Roche.

Porte : *d'argent à 3 pals, deux d'azur et un de gueule ; celluy de gueule au milieu.*

Germond. . . . . . Henri BELLENGER, s^r de la Brochetière.

Porte : *d'azur au chevron d'or.*

C

Echevinage :

Niort. . . . . Pierre COCHON, lieutenant particulier Echevin.

Antoine CHARGE, Echevin. Elu à Niort.
Jean Chargé, Echevin.

6

Niort. . . . . Benjamin CADARE, s^r des Essarts.

La damoiselle de Cadare ; enfants de Jacques Cadare, secrétaire du Roy.

Porte de Cadare : *d'azur au lyon d'argent brisé d'une fasce de même chargé de 3 estoilles de gueule.*

La Mothe . . . . . Benjamin CHAUFFEPIED, s^r de l'Isle, maintenu noble par M. Daguesseau.

Cherveux.. . . . . . N. Chauffepied, ministre.

Porte Chauffepied : *d'argent à 3 bandes bretezées et coupées d'azur, au chef escartelé en sautoir d'or de sable et d'argent et de gueule chargé de 4 croisettes de l'une à l'autre.*

Chizé. . . . . Hélie COURAUDIN, s^r de l'Isle.

Saint-Pardoux.. . N. CAILLET, s^r du Breuil. — Idem que le s^r d'Issé, Election de Poitiers. — Issus de l'Eschevinage ancien de Poitiers.

V. Election de Poitiers, CAILLET.

Soutiers . . . . . . Artus CATTINEAU, s^r de la Gauvinière.

Vouhé.. . . . . Pierre, s^r de la Martinière.

Porte.....

Xaintray.. . . . . Gabrielle COURTANET, v^{ve} de Charles de Grange, s^r de la Gort, cy-après en l'Election de Thouars, lettre D.

Rouvres . . . . . . Jean CHASTAGNER, s^r de Rouvre, de la mesme famille que les autres du nom cy-devant. — V. Election de Poitiers.

Les Groseillers.. Charles Chastagner, s^r de la Roche-Hudon.

Adilly.. . . . . . . La veuve Antoine Chastagner.

Champdeniers. . René CHERBONNEAU, sr de la Renaudière.

Porte Cherbonneau : *d'azur semé de fleurs de lys d'or, à 9 escussons d'argent, 2 et 1.*

D

Niort. . . . . . . Jean DABILLON , et la veuve Jean Dabillon. Issus de l'Echevinage de Niort dès l'an 1560, 1567 et 1589.

Porte Dabillon : . . . . .

Vouillé , Vou-
neuil-sur-Vienne
(El. de Poitiers).
Jacques D'APPELLEVOISIN, sr de St-Hilaire. Et les autres.

Porte d'Appellevoisin : *de gueule à la herse persée d'or de 9 traits.*

Allone . . . . . . Samuel DARGENTRIE, sr de Montmagnon. Damoiselles Marguerite et Madeleine Dar- gentrie.

Porte Dargentrie : *d'azur à 2 étoiles d'or en chef et un cœur de même en pointe.*

Coulon. . . . . . Pierre DE BELLEVILLE, maintenu noble par arrest de MM. les Commissaires géné- raux.

Porte de Belleville : *d'argent à 2 orles en rond d'azur appointés en dehors et chacun de 8 pièces, à l'escarboucle passée à 8 mise de gueule brochant sur le tout.*

Niort, St-Hilaire- Benjamin DE CADARE, issu de secrétaire
la-Palud. . . . . du Roy.

Porte : *d'azur au lion d'argent brisé fascé de même, chargé de 3 étoiles de gueule.*

Saint-Laurent.. Jean DE CAMIN, sr de Cussac. — Idem que ceux d'Oradour-Fannoix, Election de Poitiers.

Aunay........ Jacques DE CAULAINCOURT, sr de Vitré.

Porte : *d'or à 2 lions affrontez de gueule à 3 tréfles de sinople, au chef de sable chargé de 3 croissans montant d'argent.*

Ardin........ Gaspard DE CHATEAUNEUF, sr de Dislay.

Porte de Châteauneuf : *escartelé de Châteauneuf et de Comminges au 1 et 4 d'argent à 2 lions de sable affrontez lampassez et couronnez de gueule soutenant deux épées au naturel ; au 2 et 3 de Comminge à 4 hastelles d'argent mises en sautoir.*

Bouin et Trayes.. Joachim DE COUBLANC, sr du Breuillac et de la Guitardière.

Porte : *d'azur à 2 aigles esployées affrontées d'argent.*

Champagne- .Jean DE GORET, sr de Genouillé.
Mouton....... François, sr du Cointe.
La Chapelle.... Jean, sr de la Barre.

Idem que les srs de Paule et d'Elbène de Poyen, aisnés de la famille, et les autres.

Porte de Goret : *d'argent à 3 hures de sanglier arrachées de sable languées et mirées du premier.*

Fenioux...... Françoise Desprez, vve de Pierre DE HANNE, sr de la Fontaine.
Louis de Hanne, sr de la Chorveur.

Porte de Hanne : *d'or au chevron d'argent à 3 hermines de sable.*

Allonne.. . . . . . Benjamin DELAAGE, sᵣ de Vaulude.

Pierre, sᵣ de Beauchêne.

Porte Delaage : *d'or à la croix de gueule.*

Damoiselle Marguerite Delaage, vᵛᵉ de René de la Mothe.

Nicolas et Jacques Delaage, sᵣ de la Roche-Monsault.

De cette maison Delaage estoit le duc de Puylaurens, favory de Son Altesse Royale Monseigneur le duc d'Orléans.

Marigny. . . . . . Jacques DE LA BASDIE (l'ABBADIE), sᵣ de la Barre et du Bois-Robinet.

Porte de la Badye : *d'azur à 9 fasces d'argent endevisé à 2 estoiles de même en chef, au croissant montant d'argent en pointe surmonté d'un pal de même en devise.*

Souché. . . . . . . Jean DE LA CHASSAGNE, sᵣ de Sᵗ-Laurent.

Porte de la Chassagne : *escartelé au 1 et 4 d'or au chêne glanté de sinople ; au 2 et 3 d'azur à 2 dauphins d'or couronnés de mesme.*

La Peruse. . . . . Gabriel DE LA CHETARDIE, sᵣ du Bureau.

Porte de la Chetardie : *d'azur à 2 chats d'argent l'un sur l'autre.*

Loubigny . . . . . Pierre DE LA COUSTURE-RIGNON, sᵣ de Loubigny.

René, sᵣ de Loubigny.

Porte de la Cousture-Rignon : *d'or fretté de gueule.*

François-Germanie DE LA FONTENELLE, sᵣ de Payré.

Idem à Copechagnière, Election de Mauléon,

sous le nom de Louys de la Fontenelle,
s^r de la Viollière, et les autres.

Porte : *d'azur à 4 étoiles d'or cantonnées, au croissant montant d'argent en abisme surmonté d'une étoile du second.*

Villeneuve et la Croix-la-Comtesse. . . . . . . Henry DE LA LORANCYE, escuyer, s^r de la Croix-la-Comtesse.

Henry, escuyer, s^r dud. lieu.

Porte de la Lorancye : *d'azur à une aigle à 2 testes d'argent.*

Saint-Pardoux. . Antoine DE LA MARCHE, s^r de Caillon.

Porte : *d'or à la fasce d'argent chargée de 3 hermines.*

Brulain . . . . . . François DE LA MARTHONNIE, s^r du Groc et de Fonquebrune.

François, s^r de la Bardonnière.

Porte de la Marthonnie : *d'argent à 3 fasces de gueule.*

Pierre DE LA PORTE, s^r de la Bonninière.

Idem cy-devant, Election de Poitiers, à Partenay.

Porte les mêmes armes que le seigneur de la Meilleraye.

Chef-Boutonne. . Charles DE LA TOUR, s^r de la Combe. — Idem que le s^r de la Tour-de-Goret, Election de Poitiers.

Porte de la Tour : *d'argent à l'aigle esployée de gueule.*

Brulain . . . . . . Louys DE LA VERNEDE, s^r de la Roche-Branc et de Rimbaut.

Porte : *d'azur à 9 sautoirs d'or, 9 en chef, 1 en pointe.*

Le Langon . . . . {René DE LA VOYRIE, sr de la Bonninière.
Le Beugnon . . . .

François, sr du Beugnon.

Porte de la Voyrie : *de gueule à 3 coquilles d'argent, 9 et 1.*

Bruslain . . . . . . Louis et François DE LESCOURS, sieurs du Chastenet.

Ancienne noblesse.

Porte.....

Lussaupt . . . . . . Jean DE LIVAYNE, sr de Gaillard.

Porte de Lyvaine : *d'argent à la fasce de sable tracée d'or en lozange accompagnée de 3 étoiles de sable.*

Cette famille est issue de celle d'Angoulmois, qui est fort ancienne.

Aunay . . . . Jean DE LOSTANGE, sr de Montanzier.

Porte de Lostange : *d'or au lion de gueule à 5 étoiles de même mises en orle : supports 2 anges.*

Villefagnan . . . . Lionnet DE MALMOUCHE, sr des Herbaus.

Theophile de Malmouche, sr du Breuil.

Porte de Malmouche : *d'argent à 3 fasces de sable.*

Villefolet . . . . . . Claude DE MALVAUT.
La Bataille . . . . Esther du Mont, vve de François Malvaut.
Allone . . . . Gabrielle de Malvaut.

René, sr de Villefolet.

Porte.....

Chives . . . . Jean DE MANNES, s^r des Cours.

Pressac . . . . Jean DE MONTFERRAND, s^r de Gauvallet.
Pierre, s^r de Gauvalet.
François de Montferrand, s^r de Jussault, l'aisné.

Porte de Montferrand : *escartelé au 1 et 4 d'azur au chevron d'or chargé de 3 roses de gueule ; au 2 et 3 de gueule au lion d'or couronné lampassé et armé de gueule.*

Saint-Pardoux . . René DE MONTSORBIER, s^r de la Vrignon-nière.
Henry, s^r de la Noue.
Isaac, s^r de la Braillère.

Porte de Montsorbier : *burelé en pal d'azur et d'argent de onze pièces, à la bordure cauponnée de même.*

Ensigné . . . . . Pierre DE MONTBRON, s^r des Audrons et d'Usson.
Charles, s^r de la Fontaine-Chalandray.
Jean, s^r de Beauregard.
Pierre, s^r d'Ullon.
Idem, le s^r d'Esnande, élection de la Rochelle.

Porte de Monbron : *fascé d'argent et d'azur de 8 pièces.*

Sainte-Pezenne . . Pierre DE NESMOND, s^r de Sansac.
Le s^r de Launay.

Porte de Nesmond : *d'or à 3 cornets de sable liés d'azur virolés et enguillés d'or.*

Gourville . . . . . François DE PINDRAY, s^r de Montignon.
Martial, s^r des Brousses.

Porte de Pindray : *d'argent au sautoir de gueule.*

La Chapelle. . . . . Gaspard-Raymond DE ROCQUART, s^r de l'Aubertière.
François, s^r de St-Laurent.
Porte de Rocquart : . . . . .

Chaillé. . . . . . . Antoine DE SALIGNAC, s^r de la Maingotière.
Nicolas, s^r de Romagné.
Jeanne de Salignac, v^{ve} de René Delaage, s^r de Boismort.
Porte de Salignac : *d'or à 3 bandes de sinople.*

Rieuil.. . . . . Philippe DE St-GEORGES, seigneur de Ceaux.
Idem que le s^r de Vérac, et de Couhé. — Élect. de Poitiers.

Germon . . . . . . Louis DES FRANCS, s^r de Reperou.
Daniel, s^r des Moulins.
Idem que les autres des Francs, élection de Poitiers et autres lieux.
Porte Des Francs : *d'argent à 2 fasces de sable.*

Benet. . . . . Louis DESPRES, s^r de Fief-Mignon.
Damoiselle Françoise de Sanzay, v^{ve} de Daniel Despres, mère du dessusdit, et les suivants :
François, Alexandre, Pierre, René, et quatre filles.
Louis Despres, s^r d'Ambreuil, aisné de la famille.
Et plusieurs autres.
Porte Despres : *d'or à 3 bandes de gueule au chef d'azur chargé de 3 étoiles d'or.*

Saint-Brux.. . . . . Alexandre DE VALLANCE, s^r de la Sammerye, — mort sans hoirs.

Fenioux...... Philippe DE VALOIS, sr de Vilette.

Porte : *d'azur au chevron d'or accompagné de 3 croissans d'argent, au chef d'or chargé de 3 roses de gueule.*

Cousture...... Damoiselle Catherine de Villedon, vve de Jacques DE CHEVREUSE, maintenue noble par arrest du conseil.

Niort........ Antoine DE VILLIERS, sr de Chantemerle.
La vve Pierre Devilliers.
Louys Devilliers, sr de Porte-Bouton.

Porte Devilliers : *d'azur à 3 lozanges d'or et une coquille d'argent en abîme.*

Saint-Gaudens.. Louis DEXMIER, sr de St-Simon.
Salomon Dexmier, sr de la Boinière, élection de Poitiers.
Idem le sr du Roch.
Et encore ceux de la Rochelle à Usseau.

Porte Dexmier : *escartelé d'argent et d'azur à 4 fleurs de lys de l'un à l'autre.*

Saint-Mandé et Jacques DUBOYS, sr des Portes.
Saint-Brix.... Jacques, sr de St-Mandé.

Porte Duboys : *d'or à 3 tourteaux de sable.*

Saint-Brix..... Daniel DUCHESNE, sr de St-Légier.
Cherveux (élect. de St-Maixent). Samuel Duchesne, sr de Chauvain.
St-Remy (élect. de Châtelleraut).. Idem à Cherveux, élection de St-Maixent. Et à St-Remy, élection de Châtelleraut.

Porte Duchesne : *d'azur à 3 glands d'or.*

Souché........ La vve Louis DUFAY, sr de Souché. — Pierre et Philippe Dufay.

Échiré . . . . Louis Dufay, s^r de la Taillée.
Hector Dufay.

Porte Dufay : *d'azur à 2 ranchers passans d'or.*

Sainte-Pezenne. . DU MESLE, s^r de Courolle.
Porte.....

Saint-Gaudens. . François DU RECLUS, s^r du Cibioux et ses frères, maintenus nobles par arrest de MM. les commissaires généraux.

Porte Cibioux : *d'azur à 3 chabots d'argent posés en pal 2 et 1.*

Saint-Pardoux. . Nicolas DU RETAIL, s^r de la Brossardière.

Porte : *d'azur à la fasce d'argent.*

F

Echevinage :

Niort. . . . . Jean FRANCE.
Vouillé. . . . . . . Pierre France.

Jacques FRÈRE.

Villenouvelle . . . Gabriel FLEURY, s^r de Villenouvelle, — ci-devant à Brie, élection de Poitiers.

————————

Dampierre. . . . . Charles FOURRÉ, marquis de Dampierre.
François Fourré, s^r de Beaulieu.
Renée, Marie, Estienne ses frère et sœurs.

Porte Fourré : *d'azur au sicot brisé d'or mis en chevron.*

Persac . . . . Charles FOUGEARD, sr de l'Aubryère.

> Porte Fougeard : *d'azur à un calice d'or.*

G

Echevinage :

Niort. . . . . Pierre GIRAUDEAU.

———————

Niort. . . . . Charles GUYOT.
Poyroux. . . . . . . Marc.
> Alexandre.
> Jacques.
> Et les autres à Poyroux.

> Porte Guyot : *d'or à 9 perroquets de sinople.*

Sainte-Pezenne. . . François GUILLOTTEAU, sr de Launay.
> Annobly par lettres du roy en 1651.
> Confirmées.

> Porte Guilloteau.....

Sainte-Pezenne. . . Aubin GIRAUT, sr de Fief-d'Oue.
> Jean, sr de Puychaban.
> De l'échevinage de Niort avant 1600.

> Porte Giraut : *de sable au croissant montant d'argent au chef coupé taillé d'or et d'azur de 8 pièces.*

St-Cyr-d'Arçay. . . Henri GOULLARD, seigneur d'Arsay.
> Idem que les autres Goullard à Asnières, élection de Châtellerault et autres du nom.

> Porte : *d'azur au lion d'or couronné et armé de gueule.*

St-Cyr-d'Array. . Charles GIROUREAU, sr de Montfort,
René, sr de Rousselière.

> Porte : de gueules à la croix pattée d'argent.

Louis de GORRON, sr de la Maison-Rouge,
François, sr de la Maison-Rouge.

> Porte de Gorron : d'or à 9 fasces de gueule.

Lussay. . . . . . . René GADOUIN, sr des Granges.
Maintenu noble par arrest de Messieurs les
commissaires généraux.

> Porte.....

Jacques GAUDIN, sr de la Cour.
Louys, sr du Cluzeau.
Idem, élection de Thouars, et à Hains,
élection de Saint-Jean-d'Angély.

> Porte Gaudin : d'argent à 3 chevrons de
sable.

Fenioux. . . . . . Jacques GAYROUSSEAU, sr du Maigron,
capitaine de vaisseau dans la marine.
Toussaint Gayrousseau, sr de l'Aubray.
Maintenus nobles par arrest du conseil
d'en haut.

Nieuil.. . . . . . . François GRAIN DE St-MARSAUT, sr du
Breuil.
Idem à la Rochelle, paroisse de Salles.

> Porte Grain de St-Marsaut : d'azur à 3
demy vols d'or, 2 et 1.

J

Niort. . . . . JOUSLARD, lieutenant général à Niort. — Idem que ceux de Poitiers et de St-Maixent.

Jacques Jouslard, conseiller à Niort.

Porte Jouslard : *d'azur à 3 coquilles d'or en chef, au croissant montant d'argent en pointe.*

Niort. . . . . Pierre JOUSLAIN, lieutenant criminel à Niort, issu de l'Echevinage.

Niort. . . . . Catherine Jacob, vve de Guillaume GAU-GAING.

Issu de l'Echevinage de Niort.

Belleville, Vil- Jean-Baptiste JOURDAIN, sr de Chantecor.
liers-en-Plaine. Louis, sr de l'Hommède.
Allonne. . . . . Louis, sr de Beaumont.

Porte Jourdain : *d'argent à une croix de St-Antoine de gueule.*

Saint-Laurent- Louys JASME, sr des Frignaudries, et les
de-Cleris. . . . . autres dud. nom, maintenus nobles par arrest de MM. les Commissaires généraux.

Porte Jasme : *d'argent au dauphin d'azur.*

L

Niort. . . . . Pierre LEDUC, issu de l'Eschevinage de Niort.

Jacques LOUVEAU, idem de l'Echevinage.

Emmanuel Louveau.

Niort. . . . . La vᵉ Jacques LESQUILLIER, des anciens Eschevins de la Rochelle.

Porte Lesquillier : d'or à 9 aigles affrontés de sable.

Niort. . . . . François LAURENS, sʳ de Beaulieu, Président à Niort, issu du secrétaire du roy ancien.

Porte Laurens ; d'azur à 9 feuilles de laurier d'or mises en pal, 9 et 1.

Mougon. . . . . . . Louys LEGRAND, sʳ des Gallois.

Annay. . . . . . . Damoiselle Jeanne Legrand.

Porte Legrand : d'azur ou lion d'argent.

Villemain. . . . . Jean LECOQ, sʳ de la Madeleine.

Issu de l'Echevinage de S⁴-Jean-d'Angély. Réservés et conservés par le roy Louis XIII en leur noblesse.

Porte Lecoq : d'azur au coq hardi d'or membré cresté et armé de gueule.

Allonne. . . . . . . Charles LERICHE, de l'Eschevinage de Niort.

Beaulieu. . . . . . Jacob LADVOCAT, sʳ de S⁴-Pardoux.

Maintenu dans sa noblesse par arrest de MM. les commissaires généraux.

Porte. . . . .

Secondigny. . . . Arthus LANDERNEAU, sʳ de la Caillerie.

Porte Landerneau : d'argent à 9 hermines de sable.

Mazières . . . . . François et Claude LAINÉ, srs de Bargnon, et de la Chaume.
Autre Claude, sr de la Chaume.

Porte Lainé : *d'azur à la fasce d'or chargée de 9 croix pattées de sable à 3 fleurs de lys d'argent garnies à costé d'un bâton d'argent.*

M

Niort. . . . . Isaac MAROT, Procureur du Roy, et l'un des Eschevins de Niort.

Louys MIGAULT, de l'Echevinage ancien.

Baltazar MANCEAU, sr de la Guygnardière.
Autre B. Manceau ; tous deux issus des anciens Eschevins de Niort.

Pierre MARSAC, Eschevin.

Prahecq. . . . . . Charles MARESCHAL, sr de Bourgneuf.
Charles, sr du Chesnaut.
Brulain . . . . . . Pierre, sr de Goupillon.
Ancienne noblesse. — Maintenus nobles par arrest de MM. les commissaires généraux.

Porte Mareschal : *d'azur au chevron d'argent accompagné de 3 estoilles de mesme.*

Brulain . . . . . . Marthe Moret, vve de Aaron MESMIN, issu des anciens Eschevins.

Secondigny. . . . Georges MARTIN, sr du Moignon.
Antoine, sr de Marquelaine.
Louis, sr de la Levée.

Porte Martin : *d'azur à une espée et un*

poignard d'argent mis en pal, à **1** étoile de
même mise en chef, à un croissant d'argent
posé en pointe.

Saint-Marc-la- Nicolas MAROIX, s' d'Auzay.
Lande....... Jacques, s' de la Vergnolo.

Porte Maroix : *de gueule à la croix d'argent
accompagnée de 4 lions d'or, à la bordure de
même chargée de 6 lances de sable posées en
sautoir.*

Pamplie...... François MESNAGÉ, s' de la Chauvolière.
René, et leurs sœurs.

Porte Mesnagé : *d'azur au franc quartier
d'argent chargé d'une hure de sanglier de
sable allumée d'argent; à 13 fusées d'or
mises en pal, 3, 5 et 5.*

Fenery....... Dame Marie MESCHINET, v^{ve} de Charles
VIGIER, s' de Montmarteau, et son fils.

Porte Vigier : *d'azur à la croix ancrée d'argent à 5 bandes de même.*

P

Niort........ Pierre PASTUREAU, de l'échevinage de Niort.
Germond...... Jacques Pastureau.

Champagne- Benjamin PASTUREAU, s' de Puynode, de
Mouton.... l'échevinage ancien.

Allonne..... Louis PHILIPPE, s' du Reteil.
Philippe, s' de la Combe.

Porte Philippe : *d'azur au chevron d'or à
3 étoiles de même, 2 et 1.*

7

Fenioux . . . . . . Jean PINIOT, sʳ de Puychenin.

Jean, sʳ de la Largière.

Porte Piniot : *d'argent au chevron de sable accompagné en chef de 2 étoiles et en pointe d'un lion léopardé de gueule.*

Saint-Coutant . . François PREVOST, sʳ du Puy-Rattier.

Idem que Fr. Prevost, sʳ de Beaulieu, à Chauché, Elect. de Mauléon, et à Beaurepaire.

Porte Prevost : *d'or au lion de sinople armé couronné et lampassé de gueule.*

R

Niort. . . . . Louys RESGNYER, sʳ de la Brochotière, et les autres. — Tous issus de ceux de l'Election de Poitiers. V. Poitiers.

Porte cette famille des Resgnyer : *d'azur à 3 coquilles d'argent, 2 et 1.*

Aiffres . . . . Alexandre ROUSLIN, sʳ de la Mortmartin, maintenu noble par arrest de MM. les commissaires.

Porte.....

Herisson et Jacques RICHIER.
Pougnes. . . . . . . Garnier, sʳ de Pougnes.

Idem que les Richier, sʳ de la Foy. — Election de Poitiers — Gourgé.

Porte Richer : *d'azur à 3 trefffles d'or.*

Blanzay. . . . . . . Gasparde Moyne, vᵉ de Gabriel RAYMOND, sʳ du Breuil-d'Issais.

Et ses enfants.

Porte Raymond : *de gueule à la bande lozangée d'or et d'azur de 9 traicts.*

Fenioux.	François RAOUL, s^r de la Gybertière.
Saint-Jean-de-Montbrun.	Idem que le s^r du Soulier, paroisse de St-Jean-de-Combrand, Elect. de Thouars.

Porte Raoul : *de gueule à 4 fasces d'argent.*

René REGNAULT, s^r de Nesaignac.

Pierre, s^r de Beaupuy.

Jean , s^r de Malandrie.

Samuel, s^r de Beauregard.

Damoyselle Françoise Regnault.

François, s^r de St-Laurent.

Louis, s^r de la Barre.

Porte Regnault : *d'azur à 3 pommes de pin d'or.*

S

Echevinage :

André SAVIGNAC, issu de l'Echevinage de Niort en 1602.

Pierre Savignac, s^r de la Bruinaudière, issu dudit Echevinage en 1614.

André Savignac, s^r du Vieux-Fourneau, issu dud. Echev.

Jean SACHIER, s^r de la Place, issu de l'Echevinage en 1590.

Jacques Sachier, s^r de la Place, issu de l'Echevinage en 1610.

François SUIROT, sr des Champs.

Jean, sr de la Bessie. — Idem que ceux d'Aigonnay, Election de St-Maixent.

Porte Suirot : coupé tranché taillé de gueules
et d'argent.

Jean SIMONNEAU, sr du Petit-Fief.

Porte Simonneau : d'azur au cordonnet
posé en lacs d'amour accompagné de 3 étoiles
de même.

T

Allonne........ Jean-Bernard TARIDE, sr du Barreau.

Porte du Tarit : de sable ondé d'argent en
pointe surmonté d'un lion d'argent.

Echevinage :

Laurent TEXIER, sr de la Gautrie.

Jacques THIBAUT, sr du Colombier, anobli
par lettres confirmées.
Porte.....

Philippe TEILLE, de l'Echevinage.

Pierre THIBAUT.

Jacques TURPAULT.

Coulon....... Louis TAVEAU, sr de la Randière.

Philippe TEILLÉ, sr de Fougeré.

Les Fosses..... Jacques THIBAUT, sr de la Tour-la-Plaisse.

Jacques THIBAUT, sr du Grand-Bois. — De

la même famille que les autres ci-devant
Election de St-Maixent, à Azay.

Secondigny. . . . THIBAUT, sr de la Gaschère, de l'Echevinage.

Ardilleux. . . . . Jacques TURPIN, sr dud. lieu et de Joué.
Jean, sr de Puy-Ferrier.
Jacques, Jeanne, Marie et Marguerite Tur-
pin, leurs enfants.
Ancienne famille.
Porte Turpin de Joué : d'azur à 9 bezans
d'or.

V

Niort. . . . . . . Pierre VIAULT, sr de la Clervaudière, issu
de l'Echevinage de Niort.
Marigny. . . . . . René, sr d'Aigonnay.
Marsay. . . . . . . René, sr de Breuillac.
Porte Viault : d'argent au chef de gueule à
3 coquilles de sable, 2 et 1.

Usson. . . . . . . Charles VIGIER, sr de Montmarteau et de
St-Mathieu ; dame Marie Meschinet, sa
veuve.
Porte Vigier : d'azur à la croix ancrée
d'argent à 5 bandes de même.

ÉLECTION DE SAINT-MAIXENT.

A

Saint-Saturnin.. Jacques ADAM, sr de St-Denis.
               Hercules Adam, sr de Mauvergne.
               Damoiselle Marguerite Adam.

          Porte Adam : d'azur au lion d'argent.

C

Azay . . . . Florance CHALMOT, vve de Pierre de Vesri-
               nes, sr de la Goubaudière.
                      Voir VERRINES, Election de Poitiers.

Saivres . . . . Pierre CHEVALEAU, sr de Seirigny.
Breloux . . . . Jean Chevaleau, sr de Bois-Ragon.
               Jean Chevaleau, sr de Boisrazet.

          Porte Chevaleau : d'azur à 3 roses d'arg.
          au chef cousu de gueule.

Saivres . . . . René CHERBONNEAU, sr de la Ravardière.

Cherveux . . . . . . Jacques CHALMOT, ministre.
Chaurray . . . . . Jacques Chalmot, sr des Défans.
Breloux . . . . . . Jean Chalmot, sr de Bois-Rezet.
Aigonnay . . . . . Pierre et Philippes Chalmot, srs du Breuil
               frères.

Saint-Romans . . Alexandre Chalmot, s' de la Font-Gaudry.

Porte Chalmot : *d'argent à un vol de sable accompagné de 3 estoilles de gueule 2 et 1.*

Nanteuil . . . . . . François CHEVALIER, s' de la Frapinière, Election de Poitiers.

Porte : *de gueulle à 3 clefs d'or posées en pal 2 et 1.*

Vitré . . . . Louis COYAUT, s' de la Bretannière-Ste-Marie.

D

Saint-Maixent . . Dame Marie D'AUTHON, v^{ve} de René de Cumont, s' du Fief-Brun. — V. Election de Niort. DE CUMONT.

Saint-Romain-des-Champs . . . . { La v^{ve} Gédéon D'AUZY et ses enfants.

Porte : *d'azur fascé d'or de trois pièces.*

François de la BLACHÈRE, s' de l'Isle.
Maintenu par arrest de MM. les commissaires.

Aigonnay . . . . . Jean de la BONNETYE, s' de la Cousture.
René de la Bonnetye.

Porte de la Bonnetye : *d'azur à 2 tours d'argent massonées de sable.*

Jacques de BOSCOVERT (Bosquevert), s' de la Roche.
Amable de Boscovert, son fils.
Jacques, s' du Montet-de-Monfeste et les autres du nom.

Famille autrefois issue d'Auvergne.

Porte de Roscovert : *d'argent semé de glandz de gueulle, à la bande ondée de mesme, accompagnée de trois merlettes de même sur le chef.*

Romans . . . . . . Damoiselle Jaquette du Boys, v^{ve} de René L'Auvergnat, s^r de Miaury. — V. L'Auvergnat.

Porte L'Auvergnat : *d'azur à l'espervier longé et grilleté d'or.*

Vernou . . . . Gabriel de BRESMONT, s^r de Vernou, de la famille des marquis d'Ars en Xaintonge, Vaudoré en Poitou, Élect. de Thouars.

Porte de Bresmont : *d'azur à l'aigle à 2 testes esployée d'or.*

Saint-Genard . . Damoiselle Suzanne de CERIS, dame de Chasteau-Convert, fondatrice du couvent des Relligieuses du Puy-Berland.

Porte de Ceris : *d'azur à 3 estoilles d'or 2 et 1.*

Louis des CARS, s^r des Loges, et ses enfans.

Porte : *d'azur à 4 estoilles d'or.*

Hillayre de La CHAUSSÉE, s^r de Champ-margou.

Porte : *escartelé au premier et quart d'argent et au 2 et 3 de sable.*

Augé . . . . Gabriel de CLERVAULT, s^r du Breuil-Cartays.

Porte : *de gueulle à la croix pattée d'or.*

Baussay . . . . . . Marie de la Cour, v^{ve} de Samuel de la BARRE. Louis de la Barre, son fils, et les autres du nom (Election de Poitiers).

Porte de la Barre : *d'argent à la bande*

d'azur chargée de 3 coquilles d'or accompagnée dessus et dessous de deux merlettes de sable, au croissant montant d'azur sur le premier quartier.

Chervaux...... Louys DUCHÈNE, sr de Vauvert.
Damoiselle Jouslard, sa veuve.
Jean Duchesne, son fils.

Porte Duchesne : *d'azur à 9 glans d'or.*

Lusseray...... Marguerite de Constant, vve de Charles de Groistin.

Porte de GROISTIN : *lozangé d'or et d'azur au chef d'azur à l'aigle esployée d'or.*

Augé........ Charles D'HOLANDE, sr du Vignaut et son frère sr du Breuil, demt à Poitiers.

Porte d'Holande : *d'argent au lion paré et vilené de gueulle.*

Saint-Maixent.. François DELAAGE, sr de Beauregard, puisné de la maison du Rivaut-Bretholier, en l'Élection du Blanc, en Berry.

Porte Delaage : *d'azur à la fasce d'argent accompagnée de 3 croissans de même, 2 et 1.*

Saint-Gelais ... Moyse de LOUBEAU, sr de Saivres.

Porte de Loubeau : *d'argent à la bande de gueulle.*

Lusseray...... Charles-Louis de HAUTEFOYE, sr de Lusseray.

Porte de Hautefoye : *d'argent au lyon de gueulle.*

François de MAURAISE, sr du Verger.
Antoine de Mauraise, sr du Verger.

Gabriel de Mauraise, s^r des Richardières, paroisse de Sencay, aussi Election de Poitiers.

Porte de Mauraise : de sable au lion d'argent armé de gueulle.

Sainte-Néomaye. Philbert de MARCONNAY, s^r de Mondevys.
Idem que les sieurs de Cursay, Elect. de Poitiers, à Cursay.
Et les aînés du nom.

Porte de Marconnay : de gueulle à 3 pals de vair, au chef d'or.

Breslon........ René de MASSOUGNE, s^r de La Sablière.
La vouve de René de Massougne, s^r de Longay.
N. de Massogne, s^r de Villars, Elect. de Chastellerault, l'aîné du nom.

Porte de Massougne : d'argent à 3 têtes de couleuvre languées, couronnées et arrachées d'azur, à 3 coquilles de sable 2 et 1.

Sainte-Ouenne. . André de MARSAC, issu de l'échevinage de Niort en 1655.

Perigny ...... François de NOSSAY, s^r de La Forge.
Dame Louise de Bresmond, v^{ve} de Pierre de Nossay, père du dit François.
Marguerite d'Authon, v^{ve} de Henry de Nossay.

Porte de Nossay : d'argent à 3 fasces de sable accompagnées de dix merlettes de mesme 4, 3, 2, et 1.

Saint-Saturnin.. François D'ORFEUILLE, s^r de Foucaut.

Porte : d'azur à 3 feuilles de laurier d'or.

Le s^r comte de PARDAILLAN.
Le comte de Parabelle, s^r de la Mothe-Saint-

Héraye, son frère, tous deux lieutenans du
roy en Poitou, de la maison de Baudean.

Porte : d'or à l'arbre de sinople, escartelé
au 2 et 3 d'argent, à deux ours de sable posés
en pal.

La veuve Hierosme de PONS, sʳ de la Bru-
nette.

Pierre de Pons, sʳ du dit lieu.

Damoiselle Marguerite Maubué, femme de
Antoine de Pons, sʳ de la Caillandière.

Porte de Pons : d'argent à la fasce bordée
d'or et de gueulle de cinq pièces.

Augé . . . . Les demoiselles du Retoil, dames des Deffans.
V. Sᵗ-Pardoux, Election de Niort.

Porte du Retoil : d'azur à la fasce d'argent.

Saivre . . . . François de RIOM, sʳ de Saugé.
La damoiselle des Couteaux, du nom de Riom.

Porte : de gueule à la croix d'argent cantonnée de 4 roses d'or.

Soudan . . . . Jean de Sauzay, sʳ du Breuil-Mayraut.
V. Election de Poitiers, P. de Sauzay.

Chapelle-Baton . Gabriel de Sᵗ-VAURY, sʳ de Favières et ses
enfants.

Porte de Sᵗ-Vaury : d'azur à la bande costoyée de part et d'autre d'une cottice d'argent
accompagnée de 6 estoilles du second.

Sainte-Néomaye. Marie de VAUSSELLE, vᵉ de Estienne
THIBERT.   V. Thibert.

Sᵗᵉ-Blandine . . . Louys de VASTELIER, sʳ de Courbanay.

Porte : d'azur à l'aigle à 2 têtes esployée
d'or.

Gournay...... Gabriel de VILLEDON, s' de S'-Lau.
François,
Jacques, s' de Gournay.
Jean, s' de Boisroger.
Charlotte de Villedon.
Porte : de gueulle à 3 fasces ondées d'argent.

Perigny...... Pierre de VOUSLON, s' du Breuil de Praille.
Maurice de Vouslon, s' de Poisnouf, dem' à
Marans, Election de la Rochelle.
Porte de Vouslon : d'azur à 3 estoilles d'or
2 en chef et 1 en pointe, à la fasce de mesme.

G

Exoudun...... Pierre GARNIER, s' de la Picardière.
Idem que le s' de Butte et le s' du Breul et
Debutte.
Porte : gironné d'or et de gueulle de 12
pièces.

Praille....... Jeanne de Blanche Gorre, v'° de Daniel
CHALMOT et ses enfants.
Porte Chalmot : d'argent à un vol de sable
accompagné de 3 estoilles de gueule, 2 en chef
et 1 en pointe.

Brieu....... Pierre GIGOU, seig' de Vezançay.
Pierre Gigou, s' de Luches et de la Touche.
Porte Gigou : d'or à 3 cygnes de sable.

Sainte-Eanne.. . Joseph GILLIER, s' de La Villedieu.
Exoudun...... Antoine Gillier, s' de.....
Aisnez des seigneurs de Puygarreau , Elect.

de Chastellerault, et de tous ceux du dit nom.

Porte Cillier : d'or au chevron d'azur accompagné de 3 mascles de gueule 2 et 1.

Praille. . . . . . . Charles GOMBAUT, s' de Mayre.
Antoine Gombaut, s' de Baussay.
Et leurs sœurs.

Porte Gombaut : d'azur à 6 pals d'or.

Mazier. . . . . . . Jean GUILLOTIN, s' du Bouschet.
Louys Guillotin, s' du Gresleau.

Porte Guillotin : . . . . .

H

Chavagné. . . . . Cœzar HILAIRET, s' du Ruffigny, et sa sœur.

Porte Hilairet : de gueule au lion d'or couronné, lampassé et armé de même.

La Martinière. . Louysa HUET, v° de Pierre SIMON, s' de la Rogerolle, issu de l'Eschevinage de Niort en l'an 1616.

J

Saint-Georges.. . Daniel JANVRE, s' de la Tour.
Nanteuil. . . . . . Daniel, s' de Luzay.
Autre Daniel Janvre, s' du Bois-Berthier.
Soudan.. . . . . . Idem que le s' de la Bouchetière, aisné de la famille.

Porte Janvre : d'azur à 3 testes de lion arrachées d'or couronnées et lampassées de gueule.

Cherveux . . . . . Etienne JOUSLARD, sr de la Claira.

Sayeres. . . . . . . Damoyselle Jouslard, vve de Louys Duchesne, sr de Vauvert.

Et Jean Duchesne, son fils, ci-devant à la lettre D.

Jouslard, sr de Chanteuaille.

Porte Jouslard : d'azur à 3 coquilles d'or en chef, au croissant montant d'argent en pointe.

Exireuil. . . . . . Anthoine JOUSSEAUME, sr de La Masson-nière, dont est le marquis de la Droleuche, gouverneur de Hombourg et brigadier de cavallerie.

Porte Jousseaume : d'argent fretté de gueulle.

L

Vitré . . . . François LECOQ, sr de Rouillé, issu de l'es-chevinage de St-Jean-d'Angély.

Porte Lecoq : d'azur au coq hardy d'or membré, cresté, barbillonné et armé de gueulle.

Juillé. . . . . . . Damoiselles Marguerite et Louyse LESFÉES, de l'eschevinage ancien de Niort.

Porte Lesfées : . . . . .

M

Praille. . . . . . . Damoiselle Jeanne MONNET, vve de Joachim Vasselot cy-après. — Renvoyé à la lettre V.

P

Praille. . . . . . . Josué PANDIN, s' de la Potardière.

La Vigean (Elect. Idem que Gaspard Pandin, s' de Lavige au
de Poitiers). . . Vigean.

Saint - Martin - { Gaspard Pandin, s' des Loges.
de-Melle. . . . .
              Porte Pandin : d'azur à 9 pals d'argent, au
chef d'or.

Sainte-Blandine. Catherine Rochignovoisin, v^{ve} de Louys LE
              PELLETIER, s' de Mar-de-l'Or.
              Henry Le Pelletier et deux autres enfants et
une fille.
              Porte Le Pelletier : de sable au lyon d'or.

Saint-Martin-de- Louys PREVOST, s' de Gagemont.
Melle. . . . . de même famille que le s' de la Fragné, à
              Beaurepaire, Election de Moléon.

R

Mellerand. . . . . Damoiselle Louysa RAGOT, veuve de René
              Danché, s' des Renardières, cy-devant
              avec les autres Danché, ez paroisses de
              Vaussay et de Mont-Jean-Lorigny et autres,
              Election de Poitiers, à la lettre D.

Sainte-Ouenne. . Jean REIGNIER, s' du Puys.
Benessay (Elect. François Reignier, s' d'Ouailles. — Idem cy-
de Poitiers). . . devant à Benessay, Election de Poitiers,

soubz le nom d'Antoine Reignier, s^r de la Grangerie.

Porte cette famille des Reignier : *d'azur à 9 coquilles d'argent 9 et 1.*

Pourget........ Benigne REORTEAU, s^r de la Roche-Tollay.

Porte Réorteau, s^r de la Roche-Tollay : *de gueule au lyon d'argent couronné, lampassé et armé d'or.*

S

Jacques SUIROT, s^r d'Anglo et des Champs. Pierre, François, Johan, Louys et Guy Suirot, s^r de Barroux, La Bellière, L'Antremont, de Coussay et de Maubuisson. — De même famille que le s^r Deschamps cy-dessus, Election de Niort, qui sont François Suirot, s^r des Champs, et Jean Suirot, s^r de La Bellière.

Porte Suirot : *coupé, tranché, taillé de gueule et d'argent.*

T

Azay........ Charles THEBAUT, s^r de Lavant.
Augé........ Jacques Thibaut.
Praille....... Charles Thibaut, s^r de Mons.
Jacques, s^r de Grand-Bois, Election de Niort.
René Thébaut, s^r de Grand-Champ.

Porte Thebaut : *de gueule à 3 tours d'or maçonnées de sable.* V. Elect. de Niort.

Fenioux, ... François THIBAUT, sr de Venze.

Damoiselle Françoise Thibaut, veuve de Philippe Dorlant et les autres. V. Élection de Poitiers.

Porte Thibaut : *d'azur à la tour d'argent.*

Sainte-Néomaye. Charles TURPIN, sr comte de Crissé. Idem à Montoyron, Élection de Chastellerault.

Porte Turpin : *lozangé d'argent et de gueulle.*

Saint-Maixent. . Philippe TUTAUT, sr de l'Herbaudière.

Sayres . . . . Gabriel Tutaut, sr de Voldasnière et autre Philippe Tutaut.

Porte Tutaut : *d'or à la fasce ondée d'azur.*

V

Souvigny.. . . . . . Antoine VASSELOT, sr de la Guygnerave.

Praille. . . . . . . Pierre Vasselot, sr de la Barre.

La Chapelle.. . . . Pierre Vasselot, sr du Résgnier.

Louys Vasselot, sr de La Chesnay, Élect. de Niort.

Porte Vasselot : *d'azur à 3 guidons rangez d'argent, la lance d'or ferrée d'argent.*

Chapelle-Baston. Louys VERGNAUT, sr de Bournezeaux. Idem à St-Cristophe, Élect. de St-Maixent.

Louys Vergnaut, sr de la Morinière, son père, et les Vergnaut, à Bournezeaux, Élect. de Mirebeau ou de Richelieu à présent.

Porte Vergnaut: *d'azur à l'arbre de sinople posé en pal.*

8

Saint-Génard... Louys VERNOUX, s^r de La Rivière-Bonneuil.

Paizay-le-Tort... Vernoux, s^r de Bonneuil.

Sainte-Néomaye. René Vernoux, s^r de La Fontenelle.

Porte Vernoux : *d'or au chevron de gueule à 9 croissans montans d'azur.*

Sainte-D'andine. Charles VESTELIER, s^r de Corbannay.

Porte Vestelier : *d'azur à l'aigle double esployée d'or.*

Perigny...... André VIAUT, s^r de Mazerolles. Issu de l'Eschevinage de Niort.

Praille....... Pierre de VOUSLON, s^r du Breuil de Praille.

Maurice de Vouslon, s^r de Poisneuf.

Demoiselle Catherine YONQUES.

ÉLECTION DE THOUARS.

A

Montbrun.....⎰ Pierre AUBINEAU, sr de La Racaudière.
Moustiers.....⎱

Rigné........ Nicolas Aubineau, sr de Rigné.

Porte : de gueulle chargé de lozange d'argent sans'nombre ; aliàs, lozangé de gueule et d'argent.

Rigné........ André AMAURY, sr de Migaudon.
Louis Amaury, sr de Laudrice de Migaudon.

Porte : d'or au chevron de gueule accompagné de trois estoilles d'or en chef et de 3 roses de mesme 2 et 1.

N..... ACQUET, sr de Lavergne, annobly par lettres de 1643. Confirmé en juillet 1667.

Victor ACTON, sr de Marçay.

Porte : d'argent à cinq fleurs de·lys d'azur au franc quartier de gueulle chargé d'un croissant montant d'argent.

B

Boesme........ Jacques BERNARD SAUVESTRE comte de Clisson.

Porte : palé d'argent et de sable de six pièces, chargé au premier de trefiles de gueulle sans nombre.

Jeanne ROISNARD, veuve de Daniel Rangot.

Saint-Nicolas-de-Brinelles-des-Sables...... Florence BORRY, veuve de Hillaire Chennel, s^r de la Tournelaye, maintenue noble de son chef.

Porte Borry : d'azur au chevron d'or accompagné de 3 croissans montans d'argent.

Chanteloup.... Jean BODEZ, s^r de Coullebrun.
René Bodez, s^r des Roches.
Jacques-Eléonor Bodez, s^r de La Fenestre.

Porte : d'azur à l'épée d'argent à la trangle de gueulle vers le chef brochant sur le tout.

Brion........ Nicolas BIGOT, s^r de Clazay.
Louise Goreau, veuve de Bartolemy BIGOT, s^r du Bois-d'Angivault et ses enfants.

Porte Bigot : eschiqueté d'or et de gueulle.

Saint-Jean-de-Combran..... René BEUGNON, s^r de la Girardière.
Jacques Beugnon, s^r de la Roussière.

Porte : d'or au chevron d'azur à 3 mollettes d'esperon de gueulle.

Saint-Mesmin-le-Viel...... Jacques BOIXON, s^r de la Guierche.

Porte : d'or à l'aigle à 2 testes esployée de gueulle.

Saint-Mars-la-Réorte ..... Jean-Baptiste BOUCHET, s^r de La Tardière.

Porte : d'azur à la croix de St-André chargée de 5 losanges de gueulle.

C

St-Paul-près-   Les héritiers du sr de CHATEAU-BRYANT,
Pousauges.....   du nom de seigneurs des Roches-Baritaut,
idem que les autres de la famille.

    Porte : *da gueulle semé de fleurs de lys d'or.*

La Chapelle-   René CLISSON, sr de La Bironnière, de l'es-
Gaudin.......   chevinage de Niort.

    Porte Clisson : .....

Noirterre.......   Gabrielle CLABAT, fille de Nicolas Clabat, sr
de La Pranduc, issue de l'Eschevinage
ancien de Poitiers, la famille en quenouille.

    Porte Clabat : *de gueulle à la bordure d'or chargée de tourteaux de sable, à un aiglon d'argent bequé et membré d'or.*

D

La Boissière....   Michel DAUTHON, sr de Mazier, idem que
Luçon (Elect. de   Pierre d'Authon, sr de Chateau-Roux, à Lu-
Fontenay)....   çon, Election de Fontenay.

    Porte d'Authon : *fascé d'or et de sable de 6 pièces.*

Moustiers - sous -   Martin D'APELVOYSIN, sr de Courtray.
Chantemerle...   Idem que ceux de Vouneuil-sur-Vienne,
Elect. de Poitiers et autres.

    Porte d'Apelvoysin : *de gueulle à la herse percée d'or de trois traits.*

Bouillé-Loretz..   Guy DU BAILLEUIL, sr des Roches.

    Porte du Bailleuil : *d'argent à 3 testes de loup de sable.*

Moustiers . . . . . Claude-Théodore DU BELLAY, sr d'Anché et de Grenouillon.

Porte du Bellay : *d'argent à la bande fu-zellée de gueulle accompagnée de six fleurs de lys d'azur en devise, 3 en chef et 3 en pointe.*

La Ronde. . . . . Claude DE BONNAVENTURE, marquis de Crevant.

Porte Bonnaventure de Crevant : *d'argent escartelé d'azur.*

Maulay . . . . . . Jean DE BEZANNE, sr de La Verrye.

Porte : *de sable à 3 gantelets d'argent.*

Poussauge. . . . . Gabriel DE CAILLAUT, sr de La Groysardière. Alexandre de Caillaut, sr de Monstreuil.

Porte : *d'argent au lyon de sable armé de gueule.*

Mauzé . . . . Gabriel DE CHAMBRES, sr de Boybaudran, de la maison de Montsoreau.

Porte de Chambres : *d'azur semé de fleurs de lys d'argent au lyon de mesme couronné d'or.*

Saint-Martin-de-Sanzay. . . . . . . Louys DE CHAMPALLAYS, sr de La Bour-dillière.

Porte de Champallays : *d'argent à 3 fusées de gueulle à la bordure de mesme chargée de perles d'argent.*

Raygneux. . . . . Jacques DE CHARDON, sr de Richebour.

Porte de Chardon : . . . . .

La Melleray. . . . Louys DE LA CHESNAY, sr de Puymorin et de Haute-Porte.

Porte La Chesnay : . . . . .

Vernoux. . . . . . . Antoine et Nicolas DE LA COUR, sieurs de la Chambaudière.

Saint-Marsaut. . Damoiselle Renée Pommeraye, veuve de Léon de La Cour, s^r de la Touche-Pillette.

Porte de La Cour : *de sinople à la bande d'or chargée d'un porc-épic de sable.*

Saint-Martin-de- Jacques DAVIAU, s^r de Belays, idem que
Sanzay. . . . . . son frère aisné, le sieur de Pyolans, à
D'Angé. . . . . . . Orche, Elect. de Chastelleraut, maintenus nobles par arrest de Messieurs les Commissaires généraux.

St-*Jouin-de-Milly* Damoiselle Louyse DESCARS, v^{ve} de Salomon
Vernou (Elect. de de Bresmond, s^r de Vauxdoré et ses en
Saint-Maixent). fans et filles.

Idem Gallyot de Bresmond, s^r de Vernoux, Election de St-Maixent, de la mesme famille que les marquis d'Ars, en Saintonge.

Porte de Bresmond : *d'azur à l'aigle à deux testes esployée d'or.*

La Flocelière . . . DE St-GERMAIN, s^r des Coustures, issu de secretaire du Roy, du collège des six-vingts, vétéran.

Porte de St-Germain :

Brie. . . . . Pierre DE GRAYME, s^r de la Gautrye ; issus autrefois d'Ecosse.

Porte de Grayme : *escartelé au 1 et 4 d'or à 3 roses simples de gueulle, au 2 et 3 d'or au chef de sable chargé de 3 croisilles d'or.*

Cerizay. . . . . . . René DE LA GRANGE, s^r du Puyguion.
Louys, son frère.

Charles de La Grange, s^r de Lager.

François de La Grange, s^r de La Ré.

Porte de La Grange : *de gueulle fretté de vair au chef d'or, au lambel à 3 pendans de sable.*

Beaulieu...... Charlotte de Jaudonnet, v^{ve} de René DE LA HAYE, s^r de La Dubrye.

Gabriel de La Haye, s^r de la Gaillardière.

Porte de La Haye : *bandé d'argent et de sable.*

Saint-Mars-la-Réorte...... Pierre DES HERBIERS, s^r de La Morandière.

Porte : *de gueulle à 3 fusées d'argent 2 et 1.*

La Ronde..... René DE St-JOUIN, s^r de La Mothe, mort sans hoirs masles.

Porte de St-Jouin : *d'azur au lion de sable armé et lampassé de gueulle.*

Nieuil-sous-les-Aubiers...... François DE LESPRONNYERE, s^r de Brye.

Porte de Lespronnyère : *de sable fretté de 6 pièces de gueulle et 9 hermines au canton d'argent.*

Bouillé-St-Paul.. Louis DE LESTOILLE, s^r de Bouillé-St-Pol, et ses frères, maintenus nobles par arrest du bureau de Monsieur.

Porte de L'Estoille :

Thouars...... Antoine DE LINAX, s^r de Luché, idem que les autres, mort sans enfans pendant la recherche.

Saint-Porchaire. Charles-Joseph DE LYNYERS, s^r de La Gayonnière.

Idem que les autres de Lyniers, François
Lancelot de Lyniers, son oncle.

Porte de Lyniers : *d'argent à la fasce de
gueulle, à la bordure de sable chargée de 8
bezans d'or.*

Soulièvre. . . . .
St-Porchaire. . . | Lancelot DE LYNYERS, sr de Soulièvre.

Chichd. . . . . . . Toussaint de MAILLÉ, sr des Gatz, idem que
Louys de Maillé, sr des Gatz et Menomblet.
Elect. de Fontenay.

Porte de Maillé : *fascé, ondé d'or et de
gueulle.*

Louzy. . . . . Henry DE MASSONNAY, sr de Nogé, maintenu noble par arrest de Messieurs les
Commissaires généraux.

Porte de Massonnay : *de gueulle à la fasce
d'argent accompagnée de 6 merlettes de
mesme.*

Serafin DE MARBEUF, sr de la Minière.

Porte de Marbeuf : *d'azur à 2 espées d'argent passées en sautoir aux gardes et poignées
d'or.*

Saint-Jean-de-
Combrun.. . . . | Jacques DU MATZ, sr du Puy-Papin. .

Porte du Matz :

La Flosselière. . . Pierre Philippe DE MAURAYS, sr de la Flosselière.

Porte de Maurays : *d'argent à six annelets
de sable 3, 2 et 1.*

Noisterre.. . . . . Françoia DE MESCHINET, sʳ de la Brosse-
    Moreau, à présent conservateur des privi-
    léges royaux de l'Université de Poitiers.
    La famille annoblie par lettres de 1598.
    Porte de Meschinet :

Raygnouse. . . . . René DE MESSANGE, sʳ de Rollin.
    Porte de Messange : d'argent à 2 léopards
    passans de gueulle.

Cerizay. . . . . . . Françoys DE MEULLE, sʳ de la Forest-Mau-
    prevoir,
    François de Meulle, sʳ du Fresgne-Chabot,
    Elect. de Mauléon.
    Louys de Meulle, sʳ du Fresgne-Chabot, Jean et
    ses sœurs, enfans de feu Franç. de Meulle.
    Porte de Meulle : d'argent à 3 torteaux de
    sable accompagnés de 7 croix ancrées de
    gueulle, 3 en chef et une au centre de l'escu,
    une au canton d'en bas et une en pointe.

    Charles DE MONTAIGU, sʳ de la Roussolière.
    Porte de Montaigu : d'azur à 2 lyons armez,
    lampassez et couronnez de gueulle.

Saint-Jean - de -
Combrun.. . . . . {Gabriel DE LA PASTELIERE, sʳ de Savigné.
    Isaac, Anne, Catherine, Gabrielle et Bonna-
    venture de la Pastelière.
    Porte de la Pastelière : d'argent à la teste
    et encolure de cheval effarouché de gueulle.

Boussay . . . . . . Hector DE PREAUX, sʳ de Chastillon, main-
    tenu par arrest de Messieurs les Commis-
    saires généraux.
    Porte de Preaux : d'argent à l'aigle de gueule.

Fougereuse. . . . . Daniel DES ROCHES, sr de Chassay, annobly
par lettres du Roy, confirmées par divers
arrêts du Roy, tant au Conseil qu'à la
cour des Aydes.

Porte des Roches :

Rouillé-Lorets. . Charles DE TERVES, sr des Glandes, idem à
Chastelleraut, paroisse de Thier.

Porte de Terves : d'argent à la croix de
gueulle cantonnée de 4 mouchetures d'hermines.

Brie. . . . . Charles DE VAUXELLE, sr de la Razillière,
idem que ceux de l'Elect. de Chastelleraut.

Porte de Vauxelle : d'argent au chef de
gueulle à 7 billettes d'or 4 et 3 posées en pal.
Armand, François, Jean-Baptiste, Charles,

Marie, Anne et Françoise du VERGER,
enfans de René Duvergier, sr de la Roche-
jacquelin.

Porte Duvergier : de sinople à la croix de
gueulle chargée d'une croisille d'argent, cantonnée de 4 croisilles de même.

Terves. . . . . . . Henry DE VIEUX, sr de Petit-Puys.

Porte de Vieux : d'or au lyon de sinople.

St-Cyr-la-Lande. Charles DE LA VILLE, sr de Ferrolles et des
Doniers.

Les Aubyers. . . . Pierre de La Ville, sr de Ferrolles.

Porte de La Ville : d'argent à la bande de
gueulle.

F

Pierrefitte. . . . . Charles FOUQUET, sʳ de Bournezeaux.

Charlotte du Boslay, vᵛᵉ de Charles Fouquet, sʳ de Beaurepeyre.

Saint-Martin-de- Christophe Fouquet, sʳ de Beaurepaire,
Macon.. . . . . . Hector Fouquet et les autres.

Porte : de gueulle à 9 chevrons d'argent accompaynez de 9 coquilles de mesme.

G

Coullonges.. . . . Jean GOGUET, sʳ des Roches-Baudin.

Jean Goguet, sʳ de la Brosse-Ligaut.

Issus de l'Eschevinage de Polctiers, avant l'an 1600.

Porte Goguet : d'azur à 9 coquilles d'or 2 et 1 et un croissant d'argent en cœur.

Saint-Sauveur. . Johan GOULARD, sʳ de la Vergne-Beauvays.

Sᵗ-Mesmin-le-Viel Henry Goulard, sʳ de la Gelfardière.

Christophe Goulard, sʳ de la Grange-Vermière et de Montponsier.

Chapelle - Gau - Idem que le sʳ de Beauvais, Anne Goulard,
din. . . . . sʳ de la Brunetière, Elect. de Chastelleraut.

Porte Goulard : d'azur au lyon d'or armé, lampassé et couronné de mesme.

Louis GRIGNON, sʳ de la Plissonnière, idem que les autres Grignon.

Damoiselles Anne et Marguerite Grignon.

Porte Grignon : de gueulle à 3 clefs d'or posées en pal 2 et 1, à la bordure d'or.

Saint-Clémentin. Henry GRIMAUD, sᵣ du Rahelais.

St-Pierre-des-
Echaubrognes. } Hector Grimaud, sᵣ de la Foucherie.

Porte Grimaud : *de gueulle à 3 bezans d'ar-*
gent au chef de mesme chargé d'une hure de
sanglier de sable mirée d'argent et languée
de gueulle.

H

Noirterre.. . . . . . Charles HERBERT, sᵣ de Crué.
La veuve de Laurens Herbert, sᵣ de Belle-
fons.
Damoiselle Elizabeth Henry.

Porte Herbert : *de gueulle à 3 bezans d'ar-*
gent 2 et 1 au chef de mesme chargé de 3 hures
de sanglier de sable mirées d'argent et lan-
guées de gueulle.

J

Chanteloup. . . . Jacques JAUDONNET, sᵣ de Lingremière,
auditeur de la Chambre des Comptes, à
Paris, noble à cause de sa charge.

Porte : *d'azur à 3 coqs d'or armez, bec-*
quez et crestés de gueulle.

La Forêt - sur - Philippe de JAUCOURT, baron de Villar-
Sayvre.. . . . . . noux, issu d'un chancelier de France,
immédiatement après Louys de Beaumont.

Porte de Jaucourt : *de sable à 2 léo-*
pards d'or.

L

Chiché. . . . . . . Henry-Marc-Antoine LE PETIT de Verno, sr de Chaussoraye.

Porte Le Petit : *de sable à la bande d'argent chargée d'un lyon de gueulle.*

Soutière. . . . . . René LETOURNEUR, sr de La Lande.
François Letourneur, sr de Brubiere.
Letourneur, sr de Biargo.

Porte Letourneur :

Saint-Martin-de- Christophe LEPAUVRE, sr de La Vaux-de-
Sansay. . . . . . Lin.

Porte Lepauvre : *d'argent à la bande de sinople au chef emmanché d'azur.*

Pierre LEROY, sr de la Bodinière, idem cy-devant à Usson, à St-Secondin, Elect. de Poitiers, sous le nom de Paul Leroy.

M

Bagneux. . . . . . René MESTANGE, sr de Belin.

Porte Mestange :

Cerizay. . . . . . Damoiselle Gilberde Raoul, veuve de Pierre
Combrun. . . . . . MAYNARD, sr de Crespelle et de La Savarière.

Porte Maynard de Crespelle : *d'argent à la hure de sanglier de sable.*

Moutiers - sous -   Damoiselle Marguerite de Treslard, veuve de
Chantemerle...   Pierre MOREAU, s^r de Puycaderet.
      Jean-Pierre et autres Pierre Moreau, leurs
      enfans.

      Porte Moreau : *de gueulle à l'espée en pal
      d'argent garnie d'or.*

Chapelle - aux -   Dominique de MOUILLEBERT, s^r du dit
Lys..........   lieu et du Tillet.
      Charles, René, Isabeau, Anne et Marguerite
      de Mouillebert, tous frères et sœurs.

      Porte de Mouillebert : *d'argent à 9 roses
      de gueulle.*

La Chapelle....   Pierre MALLINEAU, s^r de Mont.

      Porte Mallineau :

Courlay......   Charles MARVILLAUT, s^r de Landouinière.
La Forest.....   Henry Marvillaut, s^r de Fourchoflere.

      Porte Marvillaut : *d'azur à 9 molettes d'es-
      peron d'argent, 3 et 1.*

Pousauges.....   Charles MAYNARD, s^r de Toucheprès,
      baron de Pousauges.
      Ollivier Maynard, s^r de Toucheprès.

St-Ouyn (Elect.
de Mauléon)... { François Maynard, s^r des Deffans.

      Porte Maynard : *d'argent à 9 porcs-espics
      de sable 3 et 1 allumez d'or : supports et ci-
      mier, des lyons.*

P

La Boissière....   Claude PETIT, s^r de La Rouslière et de S^t-
      Lambert.

Idem cy-après, Election de Mauléon, à la
Petite-Boissière.

R

Thouars. . . . . . Louys-Henry ROGER, sr d'Issay.
Johan Roger, sr de Dolleville.
Henry-Charles Roger, sr de Rothemont.

Moncoutant. . . . Nicolas ROUSSEAU, sr de Beauregard, idem
que les seigneurs de la Parisière, de
Poitiers.

Pont. . . . . César Rousseau, esc., sr de la Parisière.
Porte Rousseau, sr de la Parisière : *d'azur*
à 2 mattras d'or posez en sautoir.

Saint-Johan-de- Philippe RAOUL, sr du Soullier.
Combrun. . . . . Damoiselle Gilberte Raoul, vve de Pierre
Maynard, sieur de la Crespillière et de
Savarière.
Porte Raoul : *de gueulle à 4 fasces d'argent.*

La Coudre. . . . . Louys RICHETEAU, sr de La Coindrye, Eschevin de la ville de Poitiers.
, Porte Richeteau : *d'or à un mûrier de*
sinople chargé de mûres élevé sur une ter-
rasse de sinople, au chef d'azur chargé de 3
estoiles d'or.

S

Saint-Martin-de- Jean SOCHET, sr du Vaux, annobly par let-
Macon.. . . . . . tres confirmées.
Porte Sochet : *d'argent à 3 merlettes de sable.*

T

Pouzauges..... Sylvie TIRAQUEAU, v⁰ du sʳ de Payroussot, le pòre d'iceluy annobly par Louys XIII, en 1615, pour des services considérables par luy rendus au roi Henry IV, à la Rochelle.

Idem que les autres Tiraqueaux ci-dessus, Election de Fontenay.

Louys TEXIER, sʳ de Sᵗ-Germain.

Idem que Jean Texier, cy-devant, sʳ de Sᵗ-Germain, Election de Fontenay, à Fontenay.

V

Pas-de-Jeu.... Claude de VERÉ, sʳ du Verger.

Saint - Martin -
de-Macon....

Claude de Verré, sʳ de Savigné.

Porte Verré : *de sable à 9 crenaux d'argent ambatiz et embeschez de gueulle,*

Argenton - l'E -
glise.......

Charles VERGNAUT, sʳ de Bondilly.

Idem à Sᵗ-Christophe, Elect. de Sᵗ-Maixent, et à Chapelle-Baston.

ÉLECTION DE MAULÉON.

A

Les Essards.... Nicolas AUDOUART, s^r des Basses-Rues, issu de l'eschevinage de Niort.

Les Essards.... Jeanne ARNAUDEZ, v^{ve} de Claude Le Baut, s^r de La Fayée, renvoyée avec ceux de Thenezay sous la lettre L.

Saint-Provant.. Louis ARNAUDEZ, s^r de la Coussoltière, officier de la maison du roy; pour ce, exempt de la taille.

B

Les Herbiers.... René BOISSON, s^r de la Rallière de la Barre-Blanche.

Porte: *d'azur au chevron d'or chargé de 5 aiglons de sable accompagnez de trois colombes d'argent membrées de gueulle.*

Les Landes de Génusson..... Gilbert BAUDRY-DASSON, s^r des Curadroux.

Porte: *d'argent à 3 fasces d'azur.*

Saint-Fulgent.... René BERTRAND, sr de St-Fulgent.

    Porte : *de gueulle au lyon d'argent ayant la queue passée en sautoir.*

Montaigu. .... Renée Bruneau, vve de Paul Bertrand, sr de la Méraudière.

    Idem que René.

Montaigu. .... René Bertrand, sr de Ligneron.

    Idem que René.

Boesmé....... Hélye BUORD, sr de la Négrière.

Chaillé....... Gabriel Buord, sr de Landraire et de La Lande-Buort.

    Porte Buord : *d'argent à 3 coquilles de gueulle au franc canton eslevé d'argent.*

Saint - Hilaire - de-Louslay... { François BOUX, sr de La Cantinière.

    Porte : *d'or au sautoir de gueule cantonné de 4 merlettes.*

    Damoiselle Renée BODIN, vve de Pierre Robin, sr de La Pimerie, noble de son chef.

    Porte Bodin : *d'azur à un escusson d'argent en abysme.*

La Boissière.... Esprit BAUDRY, idem cy-devant.

    Philbert Baudry.

Borsmé....... Louis BOYCE, sr de la Ménolière.

    Porte : *d'azur à 3 roses d'argent.*

    BUOR, sr des Mortiers, ainsi que les autres.

    Cy-devant avec les autres.

Les Essarts. . . . Gabriel BAUDRY, sr de La Rondardière.
Cy-devant avec les autres.

La Rabastelière.. Pierre BRUNEAU, sr de Ste-Foye.
Porte : *d'argent à 7 merlettes de sable, 3, 3 et 1.*

St-Martin-l'Ars. Pierre BAUDRY, sr de Couineau.

C

René CHEVRAUT, sr de Champ-de-Fouyn et de la Chevrie.
Damoiselle Anne Prevost, vve de Charles Chevraut, sr de la Coustancière.
Porte : *d'argent à 3 fasces de sable.*

D

Saint-Sulpice. . . Charles DAROT, sr de Lhuylière, idem que les autres.
Porte Darot : *d'azur à 2 cygnes accollez d'argent membrez de sable tenant chacun une bague d'or au becq.*

St-Aubin-d'Aubi- Samuel DUGAST, sr de La Roche.
gny.. . . . . . . Idem à Mouchamp, Elect. de Fontenay.
Porte : *d'azur au croissant d'argent accompagné de 3 estoilles d'or, 2 et 1.*

Chauche...... Jacques DURCOT, sr du Barreau.

Alexandre Durcot, sr du Puytesson.

Marie Girard, vve de René Durcot, sr de Lestang.

Porte Durcot : *d'or à 3 pins de sinople.*

Boesme........ Jonas DE LESCORCE, sr de La Lucetière.

Porte de Lescorce : *d'azur à une espée d'argent en fasce accompagnée de 3 fleurs de lys de mesme, 2 en chef et 1 en pointe.*

Charles DE CHEVIGNY, sr du Boys-Chollet et de l'Hébergement.

Damoiselle Louyse Louet, vve de Henry de Chevigny.

Porte de Chevigny : *de gueulle à la fasce d'or fuzelée de 4 pièces accompagnée de 8 bezans de mesme, 4 et 4.*

La Petite-Bois- René DE CUMONT, sr de Poislierre et du
sière........ Buisson.
Au Puy-Bonnet Florance de la Grue, vve de Cumont, sr du
Boufferre..... Buisson.

Jean de Cumont, sr des Richardières, et son frère.

Porte de Cumont : *d'azur à trois croix pattées d'argent.*

Claude DE GASTYNAIRE, sr de La Preuille.

Porte de Gastynaire : *d'azur à 2 os de mort passez en sautoir, cantonné de 4 fleurs de lys d'or.*

Dampierre..... Jacob DE GOUÉ, sr de Champneuf.

David de Goué, sr de Marchay.

Maintenus nobles par arrest de MM. les Commissaires généraux.

Porte de Goué :

Les Herbiers . . . Eléazar DE GOULAYNE, sr de L'Ornoir.
Elie de Goulayne, sr de la Savinière.
Et les autres du nom.

Porte pour armes : *parti d'Angleterre et de France.*

La Gaubertière.. François DE LANGE, sr de Beauregard et de Remberge.
Damoiselle de Lange, dame de Remberge.

Porte de Lange : *de gueulle à 6 lozanges d'argent, 3 en chef, 2 en face et un en pointe.*

Catherine DE LAUNAY, vve d'Euzèbe GIRARD, sr de Beaurepaire, en secondes noces.
Jacques, sr de Beaurepaire, leur fils aisné.
Euzèbe, René et Catherine Girard.
Issus des dits Girard, le procureur général de la chambre des comptes.

Porte Girard : *d'azur à 3 chevrons d'or.*

Jean de LERIX, sr de Fontenay.

Porte de Lerix : *de gueulle à 3 picques d'or ferrées d'argent.*

Saint-Aubin-de-Baubigny.. . . . Louys DE MAILLÉ, sr du Fraigne de la Durbelière.
Idem que les autres cy-devant.

Saint-Hilaire-de-Louzy. . . . . . . Damoiselle Jeanne DE MAY, dame de Boys-Corbeau, vve de Pierre du PLANTYS, baron du Landreau.

Pierre du Plantys, sr du Landreau.

Claude du Plantys, sr du Roya-Corbeau.

Porte du Plantys : *de sable à 9 léopards d'or.*

La Grolle..... Jeanne DE MAY, vve de Philippes de TINGUY, sr de La Guitardière.

Idem Abraham Tinguy, sr de Nesmy, à Nesmy.

Porte de Tinguy : *d'azur à 4 fleurs de lys cantonnées d'or.*

Bocsmé....... Gaspard DE MAYRE, sr de La Seichorye, issu des anciens eschevins de la Rochelle.

Boué........ Idem à Boué, Election des Sables.

Porte de Mayre :

Montaigu..... Damoiselle Hélène DE MONTSORBIER, vve de René Justeau, sr de La Mothe-Landelière.

Renvoyé à l'article de Monsorbier, à Champagne-St-Hillayre, Elect. de Poitiers.

Boulongne..... Isaac DE MONSORBIER, sr de La Braillaire.

Daniel de Monsorbier, son fils.

Porte de Monsorbier ; *burellé d'azur et d'or.*

St-Cristophe.. . . Dame Eléonor DE MOUSSY-BARIOT, vve de Jean Robin, sr de La Tremblay-Robin et de la Bretonnière.

Porte Robin :

Mouchamps.... Jacques DE PATRAS, sr de La Bastardois,
Fougère (Elect. idem à Fontenay, en la paroisse de Fou-
de Fontenay). : gères.

Pierre de Patras et les autres.

Porte de Patras : *d'azur à 2 bourdons d'or passés en sautoir accompagnez de 4 roses d'or.*

Sainte-Cécille.. . Gabriel DE PLOUER, s' de La Chopinière.

> Porte de La Chopinière de Plouer : d'azur au lyon d'argent couronné d'or, à 3 estoilles en chef du second.

Montaigu . . . . . Les damoiselles de RAMBERGE.

Montaigu . . . . . Gabriel DE RUAIS s' de La Guyonnière.

> Porte de La Guyonnière : d'azur à 3 testes d'aigle arrachées d'or, couronnées et lampassées de mesme.

La Boissière.. . . . Dame Marie DE THORIGNY, v᷾ de Pierre CHERBONNEAU, s' de Fors.

> Porte Cherbonneau : d'azur semé de fleurs de lys d'or, à 3 escussons d'argent, 2 et 1.

Bazauges.. . . . . René DE VAUGIRAUT, s' de Langorie.

> Porte de Vaugiraut: d'argent fretté d'azur.

Bazauges.. . . . . Enoch DE LA BARRE, s' de La Rancu-
> nelière.
>
> Hélie de La Barre, s' de La Coutardière.
>
> Porte de La Barre :
>
> Maintenu noble par. arrest de MM. les Commissaires généraux.

Les Essartz. . . . Pierre DE LA BUSSIÈRE, s' de La Flotière.
> Pierre de La Bussière, son fils.
>
> Alexandre de La Bussière, s' de la Sauvagère.
>
> Idem Elect. de Chatellerault.
>
> Porte de la Bussière : d'azur à la bande d'argent accompagnée de 2 esperviers d'argent et de 2 mollettes d'or mises esgallement au-dessus et au-dessous de la bande.

Bouterre...... Paul DE LA FONTENELLE, s' de la Viollière.

Damoiselle Jeanne Gourde, v'° de Benjamin de La Fontenelle, s' de la Maison-Neuve, François-Germanie de La Fontenelle, s' du Payré, et les autres du dit nom.

Paul de La Fontenelle, idem.

Porte de La Fontenelle : *d'azur au croissant d'argent surmonté d'une estoille d'or accompagné de 4 autres cantonnées de mesme.*

Le Puy-Saint- Damoiselle Florance DE LA GRUE, v'° de
Bonnet...... CUMONT, s' du Buisson.

Jean de Cumont, s' de Poislière et de La Grue.

Porte de Cumon : *d'azur à 9 croix pattées d'argent.*

Chavagne..... Alexandre DE LA HEU, s' de La Brunière, maintenu noble par M' Roullier, alors intendant.

Porte de la Heu :

Les Herbiers.... Louys DE LA HAYE, s' des Herbiers Gode-linière.

Damoiselle Catherine de La Haye, dame de La Turelière.

Gabriel et Louys de La Haye, ses neveux.

Porte de La Haye : *d'or au croissant de gueulle accompagné de six estoilles de même, 3 en chef et 3 en pointe.*

Bouffetière..... Catherine DE LA HAYE, dame de Tirelière et de la famille de La Haye.

Gilles DE LA ROCHE, s' du dit lieu.

Charles de La Roche, s' du dit lieu.

Jullien de La Roche, s' de la Ganachère,

Porte de La Roche : de gueule à 3 roquets d'or.

Treizevent..... Charles de La TOUSCHE, sʳ de la Grand-Vergnay.

Claude DE LA Tousche, sʳ du Plessis-Mario.

Yves de La Tousche, sʳ de Courtivoy.

Porte de La Tousche : d'or à 3 tourteaux de gueule, 2 et 1.

Les Herbiers... Charles DES HERBIERS, sʳ de L'Etandfliere.

Porte des Herbiers : de gueule à 3 fasces d'or escartelé d'Escoubleau qui est parti de gueule à la bande d'or.

Les Brousses... Claude DU CHAFFAUT, sʳ de La Sénardière.

Idem aux Sables, Jacques du Chaffault.

Porte du Chaffaut : de sinople au lyon couronné, lampassé de gueule.

Bouffetière..... DU TREHAN, sʳ du Hallay.

Porte du Trehan : gironné d'argent et de sable.

Saint - Laurens -
sur-Sayvre...{Madelon DU VAU, sʳ de Milly-Bretesche.

Porte de Vaux : d'azur à 2 aigles esployées d'or en chef, au dragon du second en pointe.

F

Aubigny...... Damoiselle Renée FOUCHIER, dame de La Taudière.

Les Clouzeaux
(Élection des Sa-
bles)..........
Calixte Fouchier, sʳ de La Blanchière.

Jean Fouchier, sʳ de la Fumaie.

Calixte Fouchier, sʳ de Sᵗᵉ-Flaive, damoiselle Marie Dorin, sa veuve, Germain-François Fouchier, leur fils.

Portent : *de sable au lyon d'argent cou-ronné, lampassé et armé d'or.*

G

Sainte-Cécile...
Alexandre GOUJON, sʳ des Coulandiers.

Porte Goujon : *d'azur à une teste de léopard d'or et 3 quinte feuilles en chef d'argent.*

Beaurepaire....
Damoiselle Catherine de LAUNAY, vᵉ de Gabriel GIRARD, sʳ de Beaurepeyre et de Marsay.

Jacques, sʳ de Beaurepeyre et de Marsay.

Jacques, sʳ de Beaurepeyre, Eusèbe, René et Catherine, ses enfants.

Damoiselles Renée, Anne et Marie Girard, filles de Eusèbe Girard en premières noces; idem que les autres Girard cy-devant.

Porte Girard : *d'azur à 9 chevrons d'argent.*

J

La Gaubertière,
Sᵗ-André-sur-
Mareuil, Luçon.
Marie Juillot, vᵉ de Claude de La Bou-cherie, sʳ du Breuil.

Idem que Renée de La Boucherie, sʳ de La Grange et les autres à Fontenay et à Luçon, à Sᵗ-André-de-Mareuil.

Porte : Comme les autres.

L

St-Hyllayra-de-Mortaigne. . . . Damoiselle Marie LENOIR, dame du Gatz.
Cette famille fort ancienne est tombée en quenouille en la personne de la dite damoiselle Marie Le Noir.

Porte Le Noir : d'argent à trois escussons d'azur deux et un accompagnes de 7 mouchetures d'hermines.

Tiffauges.. . . . . Pierre LEROY, sr de La Gostrière.
Guy Le Roy, sr de La Vergerie.
René Le Roy, sr de Tougeay.
Philippes, sr de La Vergne.
Catherine de Monsorbier, vve de Pierre Leroy.
Idem que ceux de St-Secondin et autres, Election de Poitiers.

Porte Leroy : de sable au lyon d'argent couronné, lampassé et armé de gueulle, au chef d'argent chargé de trois roses de gueulle boutonnées d'or.

Saint-Pronant.. . Damoiselle Jeanne Arnaut, vve de Claude LEBAUT, sr du Lay, de la famille de celui de Thenezay, Election de Poitiers.

Porte Le Baut : d'argent au cerf au naturel passant; pour support deux aigles de sable.

Remouillé. . . . . Claude LOUER, sr de La Brousse.
Porte Louer :

Boufferé. . . . . . Damoiselle Louyse LINGER, dame de Crémil.

Damoiselle Hilayre de La Fontenelle, v^{ve} de
Louis Linger, s^r de La Lardière.

Renvoyé avec les autres Lingiers, Election
des Sables.

Porte Lingier : *d'argent à la fasce de gueulle
fuzelée de sept pièces accompagnée de 8 mouchetures d'hermine.*

Sainte-Cécile.. . Philippe LEBEUF, s^r des Moulins.
La Merlatrive.. . François Le Bœuf, s^r de St-Martin et sa sœur.
Damoiselle Jeanne Arnaudeau, v^{ve} de Fran-
çois Le Bœuf, s^r de St-Martin.

Porte Le Bœuf : *d'argent à l'aigle à 2 testes
esployée de sable, onglée de gueulles.*

M

Remouille. . . . . Jehan MARIN, s^r de La Festilière.
Les Bronfilz.. . . Claude Marin, s^r de La Cadussière.
Pierre Marin, s^r de La Mothe-Belleville, aux
Sables.
Jacquette Jamet, v^{ve} d'Anthoine Marin.
Parmenas Marin, s^r de La Chasselandière.
Jean, s^r de La Forettière.
Antoine Marin, s^r de La Hurbardière.

Porte Marin : *de gueulle au lyon d'argent
armé et lampassé de sable ; supports 2 griffons.*

Les Essarts. . . . Jeanne MASLETEAU, v^{ve} de Pierre Desprez,
s^r du Vertz.
Idem que les autres Desprez, Election de
Niort.

P

Beaurepeyre . . . Samuel PREVOST, s^r du Plessis et de Souché.

Montaygu. . . . . René Prevost, s^r de la Pintonnière, idem que les précédens.

Saint-Martin-de-Mesles (Election de St-Maixent). Daniel Prevost, s^r de La Fragne.

St-Benoist (Election des Sables). Samuel Prevost, s^r du Beugnon.

Porte Prevost du Plessis et de La Frasgno : *d'or au lyon de sinople couronné, armé et lampassé de gueulle.*

La Petite-Boissière. . . . . Gilbert PETIT, baron de St-Mesmin et s^r de La Roussière.

La Boissière (El. de Thouars). Dame Louyse Bertrand, v^{ve} de Charles Petit, seir de La Guerche-St-Amand.

Claude Petit, s^r de La Roussière et de St-Lambert.

Porte Petit : *de sable à la bande chargée d'un lyon de gueulle.*

R

Les Herbiers. . . Louys RICHELOT, s^r de La Vesrye.

Jehan Richelot, s^r de La Goupillaire.

Porte Richelot...

Charles ROUHAUT, s^r du Beugnon, idem que les autres Rouhaut.

Très-ancienne famille, mesme nom que le maréchal et marquis de Gamache, chevalier des ordres du Roy.

Sᵗ-Fulgent..... Hélye ROYRAND, sʳ de La Roussière.
Sᵗ - Hilaire - de - René Royrand, sʳ du Cluseau.
 Couslay...... Marie, Aymée, Suzanne et Charlotte Roy-
rand, filles de Louys Royrand, sʳ de La
Palissière.

Daniel ROYRAND, sʳ du Fief.
Johan-Jonas Royrand, sʳ de La Martinière.
Porte Royrand : *d'azur à un rencontre
de buffle d'or accompagné de 3 estoilles de
mesme en chef et une en pointe.*

Dompierre..... Damoiselle de Guérissant, vᵛᵉ de Cezard RAS-
CLET, sʳ de Grand Champ, gentilhomme
Verrier.
Porte Rasclet :

Sᵗ-Christophe... Damoiselle Léonarde de Moussy-Bariot, vᵛᵉ
de Jean ROBIN, sʳ de La Tremblay et de
La Brethonnière.
Porte Robin :

Chanche...... Henry RESGNIER, sʳ du Breuil.
Idem cy-devant à Niort avec les autres
familles des Resgnyers, commençant par
Louys à la ville de Niort.

S

Charles SAUDELET, sʳ du Reteil et de La
Roussière; maintenu noble par arrest de
MM. les Commissaires généraux.
Beaurepère.... Noël Saudelet, sʳ de La Mandenière.
Porte Saudelet :

T

La Guyonnière.. Philippe THÉVENIN, s^r de La Roche-
Guyonnière.
Louis Thévenin, s^r de Saly-Dieu.

Porte Thévenin : *de gueule au léopard
d'argent.*

V

*St-Michel-Mont-
Mercure* . . . . . { Samuel VOYER, s^r de La Bonnelière.

Porte Voyer : *d'argent à l'aigle esployée de
sable.*

ÉLECTION DES SABLES.

A

Les Sables. . . . . Jeanne Audouin, v^{ve} de Alex. Sourdain, s^r des
Doffans.

S^t - Vincent - sur - Jonas AUBERT, s^r de St-Vincent.
 Craon. . . . . Giron, s^r de Bois-Garnaux.
Louis, s^r de Montigny.
Porte : *d'or à 10 roses de gueule.*

Talmont. . . . . . . Jeane AUDAYER, v^{vo} de David DES HOMES.
Gros-Breuil. . . . Hector Audayer, s^r de la Benatonière.
Porte Audayer : *de gueule à la croix ancrée
d'or.*

Beaulieu. . . . . . . Pierre AYMON, s^r du Fief.
Lande-Ronde. . . . Louis, baron de Belleville.
Porte : *d'argent à 3 merlettes de sable.*

B

Les Sables. . . . . . René BAUDOUYN, s^r de Peyré, — idem à la
Rochelle.
Porte Baudoin : *d'argent au chevron de
gueule à 3 hures de sanglier de sable mirées
et allumées d'argent.*

10

Nieuil-le-Dolent. Hélie BUOR, sr de Villeneuve.
Charles, sr de la Jousselinière.

Gabriel BAUDRY, sr de la Bursière.
Philippe, sr de la Mauricière; maintenu par
arrest avec ceux de Mauléon.
  Porte: *d'argent à 3 fasces d'azur.*

Arnaud BRUNEAU, sr de la Chabossière; —
V. Elect. de Mauléon.
  Porte: *d'argent à 7 merlettes de sable, 3,
3 et 1.*

Talmont. . . . . . . Jonas BOYNET, sr de Venours.
Idem que ceux de Poitiers et de Gonçay.

Pierre BARRAUT, sr de Longuay.
  Idem que les autres, Election des Sables.
  Porte: *d'azur à un escureuil grimpant d'ar-
gent onglé de sable.*

Vayré. . . . . François BUHOR, sr de la Chagallière.
  Idem que les autres ci-dessus.
Catherine Buhor, vve du sr de Port-Rouge.
Louis, sr de la Voye.

Vayré. . . . . André BOUHIER, sr du Reteil.
Robert, sr de la Chevrelière.

**Mouilleron - le-
Chetif.** . . . . . . { Esaie BRUN, sr de la Martinière.

  Porte: *burelé d'or et d'azur de 8 pièces au
lion d'or brochant sur le tout.*

Aizenay . . . . . . Renée BRACHECHIEN, dame de la Vergne.
Martinet. . . . . . . René, sr de Pinmasle.
  Porte: *de sable au lyon d'argent couronné
et lampassé d'or.*

La Garnache. . . René BERTRAND, s^r de Ligneron, idem à
St-Fulgent, Election de Mauléon.

*Porte : de gueulle au lyon d'argent ayant
la queue passée en sautoir.*

La Chaize - Gi-
raut. . . . . Claude BORGNET, s^r de la Ville-Garnache.
La veuve Claude Borgnet, s^r de La Gaborière.
Jean, s^r de La Chariette.
Maintenus nobles.

Gabriel-Charles BOUHIER, s^r de La Vesrie.
Jousselin, sa veuve, — cy-devant paroisse de
Vayré.

*Porte Bouhier : d'azur au chevron d'argent
accompagné de deux croissants d'argent en
chef, et d'une teste de bœuf d'or en pointe.*

Angle. . . . . Henry BARBADE, s^r de Chasteau, issu de
l'Eschevinage de St-Jean-d'Angély.
Porte Barbade...

Comquières. . . . Danielle-Françoise de BESSAY, veuve de
Pierre Bellineau, s^r de la Morinière.

*Porte DE BELLINEAU : d'azur à 3 testes
de belier arrachées d'argent.*

C

Marie CHAPPOT, veuve de François Pierre.
Idem en l'Election de Chastellerault.

St-Christophe-de- Damoiselle Claire CLOUER, veuve d'Ulisse
Ligneron. . . . . Baudry, s^r de l'Estang-Garsilière.
Renvoyé cy-devant à la lettre B au s^r Bau-
dry-d'Allon.

La Garnache. . . André CHITTON, s^r de Varne.
Idem que les autres, Election de Poitiers.

D

Girouard. . . . .
Talmont . . . . . . | Bertrand DE BUSEA, s^r de La Tour.

Porte : *d'or à 9 lyons de gueulle couronnez de mesme.*

St-Hillayre-de-Talmont. . . . . | Philippes BAUDRY, s^r de La Morissière.

Nieuil-le-Dolant. Idem que ceux de Nyeuille-le-Dolant à la lettre B.

Les Moutiers-des-Maufaits. . . . . Alexandre DE LA BUSSIÈRE, s^r de La Sauvage, de mesme que ceux des Essarts, cy-devant Elect. de Mauléon.

Les Moutiers-des-Maufaits. . . . . Jean DE LA TRIBOUILLE, s^r de Sensis-Bellono.

Porte : *d'azur à 3 roquets d'argent.*

Saint-Cire. . . . . Daniel DES HOMMES, s^r d'Archiais.

Porte des Hommes : *de sable à 3 pals d'argent accompagnez de six estoilles de mesme, 4 en chef et 2 en pointe.*

Augé. . . . . Henry DE BARBADE, s^r du Chastenet.

Issu de l'Eschevinage de St-Jean-d'Angély.

Porte de Barbade...

Layroux, Benet. Thomas DESPREZ, s^r de St-Maixent.

St-Maurice-des-Noues (Election de Niort). . . . . Idem de mesme famille que les s^{rs} Desprez à St-Maurice-des-Noues.

Son frère aîné et les autres cy-devant à Ardin, Election de Fontenay.

Porte Desprez : *d'or à 3 bandes de gueules au chef d'azur chargé de 3 estoilles d'or.*

Layroux. . . . . . Charles DE LA BOUCHERIE, s^r du Fief.

St-André (Elect.   Idem cy-devant à St-André, Election de
de Fontenay). .   Fontenay à l'article de René de La Boucherye,
s^r de La Grange.

Saint - Vincent - { Charles DE LA DIVE, s^r de La Rebouste.
de-Craon.. . . . {

     Porte de La Dive : *d'azur au lyon d'or
armé et lampassé de mesme.*

Charles DE ROUSSAY, s^r de La Frotière.

     Il est mort et n'a laissé qu'une fille qui est
mariée à Lezay. Il est bien noble.

S^t - Vincent - sur- { René DE LA HAYE, s^r de Chastelier-Monbault.
Craon. . . . . . {
Les Pineaux, El.   Idem aux Pineaux, Elect. de Fontenay, les
de Fontenay...   sieurs de la Godelinière et de La Gaillardière,
et autres.

     Porte de La Haye : *d'or au croissant de
gueulle accompagné de six estoiles de mesme,
3 en chef et 3 en pointe.*

Chaillé. . . . . . . Les sieurs DE GOULLENNES.

     René de Goulennes, père de Anthoine et
     Olympe de Goulennes, s^r de la Brosse-
     David.

     Idem que ceux des Herbiers et de la Grosle,
Elect. de Mauléon.

     Porte de Goulennes : *party de France et
d'Angleterre.*

Nesmes. . . . . . . Les héritiers DE LA TOUSCHE.

     Idem que ceux de Tressevant, Election de
Mauléon.

La Tablier...... René DE RÉCHILLON, sr de La Girandière.
Idem à Jardres les aisnés de la famille,
Election de Poitiers.

Porte de Réchillon : *d'argent à la fasce de
sable fuselée de 3 pièces.*

Le Poiroux...... Charlotte DE LA FOREST, veuve de Samuel
Mareschal, sr de l'Imbertière cy-après, au
Poyré, à la lettre M.

Porte De La Forest : *d'azur à 6 crouzilles
d'argent, 3, 2 et 1.*

Talmont....... Jeanne DE LA FOREST, dame de Loubyère.
Gabriel De La Forest, sr de Nesmy.
Damoiselle René Goupilon, sa veuve, et cinq
enfants.
René De La Forest, sr de La Forest-Groisar-
dière.

Porte comme la précédente.

Talmont....... Samuel DE BELLAY, sr des Groix.
La Roche-s.-Yon. Girond De Bellay, sr de Chasteau-Vieux.
Bonneuil - Ma - Idem que François De Bellay, baron de
tour (Election de St-Hillayre (et ses frères), comte de Tra-
Chastelleraut).. versay.
Jonas De Bellay, sr de La Coustancière.

Porte De Bellay : *de sable à la bande fu-
zellée de 4 pièces d'argent.*

St-Vincent-sur-
Jard....... { Jacques DES FORGES, sr de La Gobinière.

Porte Des Forges : *eschiqueté d'argent et de
gueulle.*

Martines...... René DE BRACHECHIEN, sr du Pinmasle.
De Brachechien, dame de La Vergne.
René De Brachechien, sr du Pin.

Porte De Brachechien : *de sable au lyan*
d'argent couronné et lampassé d'or.

Sainte-Flaive... Marie DORIN, veuve de Calixte Foucher, cy-
après à la lettre F.

Vayre, Bonni- Jean DE LA VOYRIE, s' de La Roche.
nière (Elect. de Idem que ceux de La Bonninière, Election
Niort)........ de Niort.
Porte De La Voyrie : *de gueulle à 9 coquilles*
d'argent.

La Roche-sur- ⎧ Louys DE SALIGNY, s' de La Tardière.
Craon...... ⎨
Au bourg sous la ⎫
Roche (Elect. de ⎬ Idem que celluy de La Chèze, au bourg
Fontenay), La ⎪ sous La Roche, Election de Fontenay.
Roche-s.-Yon..⎭

Porte De Saligny : *de gueulle à 9 palz au*
pied fiché d'or, à la bordure dentelée de
mesme.

Mouilleron..... Henry DE LA CHAUVINIÈRE, s' du Puy-
Robert.
Damoiselle Jaquette Robert, sa mère.
Porte De La Chauvinière : *de gueulle à la*
croix ancrée d'or, brizé d'une barre d'azur
chargée de 6 besans d'or.

Marc DE LESCORCE, s' de Beaupré.
Porte :

Mouilleron..... Louyse DE TREHAN, dame de Puytesson.
Renvoyée avec ceux de Boufferé cy-devant,
Elect. de Mauléon.
Porte Du Trehan : *gironné d'argent et de*
sable.

Daniel DE LA BUSSIÈRE, sr de La Sauva-
gère, aux Essarda, Election de Mauléon,
avec les autres du nom ; Pierre De La Bussière, sr de La Flottière.

Porte : comme les autres à Mauléon.

La Roche-Beau- Daniel DE MONTSORBIER, sr de La Vergne,
fort......... idem que ceux de la parr. de Champagne-
St-Hillaire, Elections de Poitiers et de
Niort.

Porte de Montsorbier : *burelé en pal d'azur*
et d'argent de onze pièces, à la bordure cam-
ponnée de mesme.

Aizenay...... Foy DE LAUNAY, dame de La Maronnière,
veuve de Louys Jaillard, sr dud. lieu.

Aizenay...... Olivier DE LA TOUR, sr de Montferrant, de
mesme que les aînés du dit nom de La
Tour.

Porte De La Tour :

Aizenay...... Damoyselle Louyse De La Cressonnière,
veuve de Louis MAISTRE, sr de La Papi-
nière et ses frères.

Porte Maistre : *d'or au sautoir de gueulle*
dentelé de sable, cantonné de quatre croissans
de mesme.

Maché....... Gilbert DE RUAYS, sr de La Guyonnière.

Porte de Ruays :

Maché....... Claude DE SALLE, dame de Maroix, veuve
de Jean DE ROORTHAYS.

Yves De Roorthais, sr de La Rochette.

Beaulieu. . . . . . Calixte De Roorthuis, son fils.

Porte De Roorthuis : *d'azur à 3 fleurs de lys de gueulle à la bordure de sable bezantée d'or.*

La Chapelle-Achard. . . . . . Pierre DE LA GUERYNIERE, s^r de La Gurayrie.

Charles De La Guérinière, s^r de Beauchesne.

La Limousinière (E. de Thouars). Louys, s^r de La Roche-Henry, idem que ceux de La Limousinière, Elect. de Thouars.

Porte De La Guérinière : *d'azur au chevron d'or à 3 croissans montans d'argent, 2 et 1.*

Saint-Malcant. . . Les héritiers du s^r DE LA HAYE, s^r de La Gaudinière.

René De La Haye, s^r du Chastelier-Mombaut.

Et les autres aux Pineaux, Elect. de Fontenay, et les autres du dit nom.

Porte De La Haye : *d'or à l'orle de 6 merlettes de sable au croissant d'azur au cœur de l'escu.*

Commcquiers. . . Françoise DE BELLAY, veuve de Pierre DU BELLINEAU, s^r de La Morinière.

Porte Du Bellineau : *d'azur à 3 testes de belier arrachées d'argent.*

Soullans. . . . . . André DE CHICHÉ, s^r de La Tousche-Barret.

Porte De Chiché :

St-Philbert-du-Pont-Charaut(E. de Fontenay). . . Jacques et les autres Jacques DE MAU-CLERC, père et fils, s^{rs} de Marconnay et des Mouslières.

St-Christophe de Laiguillon (El. de Fontenay). . . Idem que les autres à Laiguillon cy-devant.

Porte de Mauclere : *d'argent à une croix ancrée de gueulle.*

St-Christophe de Lignaron..... Jacques DU CHAFFAUT, sr de La Mothe-Sénardière.

Boufferé (Elect. de Mauléon)... Idem cy-devant à Boufferé, Elect. de Mauléon, l'aisné du nom.

Porte Du Chaffaut : **comme celui de Mauléon.**

St-Christophe de Lignaron..... { Urbain DE TORCÉ, sr de La Pinochère.

Porte De Torcé : *de gueulle à une aigle à 9 testes esployée de sable.*

Saint-Paul-de-Conquier..... Marie DE VESRINES, veuve de feu Jacq. DE MOSSYON, sr de La Pélastrie.

Porte De Maussyon : *de gueulle à la fasce d'argent accompagnée de six merlettes de mesme.*

Saint-Paul-de-Conquier..... { Jacques DUPUYS, sr de Bois-Gendrier.

Porte Dupuys : *d'or au lion d'azur couronné, langué et armé de gueulle.*

La Garnache... Claude DUCHATEL, marquis de La Garnache.

Porte : *d'or à la croix engreslée de gueulle.*

Sallertaine..... Jeanne DE LA FOREST, dame de Laubyer.

Talmont...... Renée Gourdon, veuve de René De La Forest, sr de Mosny, et cinq enfants.

René De La Forest, sr de La Forêt-Groisardière.

Porte De La Forest: *d'azur à 6 crouzilles d'argent, 3, 2 et 1.*

Notre-Dame-du- Mathurin, Jean et René DE LA ROCHEFOU-
Mont........   CAULT, sr du Breuil.

   Idem que le seigr de La Rochefoucault et
que le seigr de Bayer.

   Porte De La Rochefoucault : *burelé d'ar-*
gent et d'azur de 6 pièces chargées de 9 chevrons
de gueulle le premier ayant la pointe coupée.

Saint-Jean-du- Jacob DU PORT, sr de Boismusson, con-
Mont........   damné, en suite déchargé par monsieur
Barentin sur les pièces nouvelles produites
le 6 septembre 1668.

   Porte Du Port :

Saint-Hillayre- Charles DE LA GUÉRINIÈRE, sr de Beau-
de-Rye......   chesne.
Idem à la Limou- Pierre de La Guérinière, sr de La Juvairière.
sinière, Élect. de   Idem que ceux de La Limousinière, Elect.
Thouars ..... de Thouars.

   Louys de La Guérinière, sr de la Roche-
Henry.

   Porte comme les autres du nom de La
Guérinière : *d'azur au chevron d'or à 3 crois-*
sans montans d'argent 2 et 1.

La Chaise - Gi - Damoiselle Suzanne DE LA FERTÉ, veuve
raut........   de Baptiste Poittevin, sr de La Traversière,
renvoyé cy-après à la lettre P.

Beaufort...... Mathurin DE MONSORBIER, sr du Grand-
Plessis.

   Idem que les autres cy-devant à Beaufort.

Peaud........   Gabriel DE LA CANTINIÈRE, id. que les
autres du dit nom.

   Porte : *d'argent à 3 molettes d'esperon de*
sable, 2 et 1.

Aspremont . . . . Amelin DREUX, sr de La Tuderière; idem
Comquiers.. . . . que ceux de Poitiers et de Paris.
     Porte Dreux : *d'azur au chevron d'or accom-*
     pagné de deux roses d'argent en chef et d'un
     soleil d'or en pointe.

E

Saint-Révérent. . Les héritiers de Louys ÉVEILLARD, sr de
     La Vergne et ses frères et sœurs.
Boust, Élect. de Damoiselle Marie Gabory, leur mère, veuve
 La Rochelle. . . de Louis Éveillard, sr de La Vergne et
     St-Révérend.
     Porte Éveillard...

F

Les Clouseaux. . Calixte FOUCHER, sr de La Blanchère; idem
     que les autres cy-dessus à Mauléon.

G

Poyre-sous-La- François GUYNEBAUT, sr du fief de La
Roche. . . . . . . Millaye.
     François Guynebaut, sr du Fief.
     Jacques, sr de La Grozatière.
     Porte Guynebaut...

J

Talmon.. . . . . . René JOUBERT, sr de La Didray-Champi-
     nier.

Ollonne.. ...... Jacques Joubert, sʳ de la Goronnière.

La Chapelle-Her- { Gabriel, sʳ de Beaulieu.
mier.. ....

Porte Joubert comme cy-devant Charles
Joubert, sʳ du Plessis-Tesselin, à Sᵗ-Denis de
la Chartreuse, Election de Fontenay : d'azur
à 3 mollettes d'esperon d'or 2 et 1.

Talmon.. ...... René JAUDOUIN, maintenu noble par arrest
de MM. les Commissaires généraux.

L

Nesmy....... Les héritiers du sʳ de La NOUELETTE.
Porte...

Sᵗ-Georges-de- Pierre LINGIER, sʳ de La Guignardière.
Montaigu..... Philippes Lingier, sʳ de La Linottière ; idem
cy-devant à Boufferre, Election de Mauléon,
sous l'article de Louyse Lingier, dame de
Cremil.

Porte Lingier : d'argent à la fasce de gueulle
fuzelée de 7 pièces accompagnée de 8 mouchetures d'hermines.

M

Les Sables. .... Pierre MARCHAND, sʳ de La Proustière.
Marie Gourdeau, veuve de Louys Marchand,
sʳ de La Manelière.

Porte Marchand : d'argent à 3 mouches de
sable 2 et 1.

Les Sables. . . . . Charles MORISSON, s^r des Rochelles.

Charles, autre Morisson, s^r de Beaulieu.

Françoise de La Gautrye.

Jean, s^r de La Battelière.

René, s^r de Villenoble.

Charles, s^r de La Durandiere, et le sieur de La Coustardière.

Porte Morisson : *de sable à 3 espées mises en sautoir d'argent et une merlette en pointe de sable.*

Les Moustiers. . . Hercules MINGARNAUT, s^r de Curson.

Mauxfaits. . . . . Suzanne et Anthoinette Mingarnaut ses sœurs.

La Jarrye, Elect. de La Rochelle. { Gabriel Mingarnaut, s^r des Hommeaux.

Porte Mingarnaut : *d'azur au gasteau d'argent posé en cœur à 3 croissants du second, 2 en chef et 1 en pointe.*

Le Poyroux. . . . Pierre MACÉ, s^r de La Bourdinière.

Porte Macé : *d'azur à 3 fasces d'or, chargé de 10 croix pattées d'argent 4, 3, 2 et 1, escartelé au premier de Bretagne, au second de France.*

Saint - Hillaire-de-Coussay. . . . Charlotte de La Forest, veuve de Samuel MARESCHAL, s^r de Limbertière.

Alexandre Maréchal, baron du Poyroux et son fils.

Porte Mareschal : *d'or au lyon de sable.*

Landevieille. . . . Jean MARTIN, s^r de La Mortière, annobly pour des services considérables.

Porte Martin : *de gueulle à une ancre d'argent costoyée de deux bras aux mains couppées de carnation et un boulet de canon du second en pointe, chargé d'une fleur de lys de gueulle.*

P

Sainte-Flayve.... Charles POICTEVIN, sᵣ de La Barette.
Les Clouzeaux.. Jacques Poictevin, sᵣ du Plessis-Landry.
Beaulieu...... Antoine Poitevin, sᵣ de La Guittière.

Porte Poictevin : *de gueulle à 3 haches d'armes d'argent emmanchées de sable aboutics
d'argent.*

Le Poyre - sous -
La-Roche..... ⎱ François-Pierre, sᵣ de Pontorset.

Usseau, Élection
de Chatelleraut. ⎱ Marie Chapot, sa veuve, à Châtellerault.

Hector, sᵣ de La Roussinière.
Josias, sᵣ de Marigny,
Et le sᵣ du Puy-Greffier.

Porte Pierre : *d'or à la croix pattée de
gueulle.*

R

Nieuil-le-Dolent. Joseph ROBERT, sᵣ de Choin.
Le Peyroux.... Gilbert Robert, sᵣ de Lézardière.
Pierre Robert, sᵣ de Lézardière.

Mouilleron - le -
Captif...... ⎱ Jacqueline Robert, dame de Beaupuy.

Chalan....... Jehan Robert, sᵣ de Boisfalle.
Sᵗ-Jean-de-Mons. Guillaume Robert, sᵣ de Lorgerie.
Aubigny, Élect. Item Léon Robert, sᵣ de La Fraizière, Elec-
de Mauléon... tion de Mauléon à Aubigny.

Porte Robert : *d'azur à 3 croissans d'or,
2 et 1.*

Les Clouseaux. . . La veuve et héritiers de Gaston ROYGNON, s^r de la Gotronnière.

Ste-Pezenne, Él. Henry Roygnon, s^r de Chaligne, idem à
de Fontenay. . . Ste-Pezenne.

Henry Roygnon, s^r de Saligné.

Porte Roygnon : *d'azur à 3 mousches à miel
d'or.*

Beaufou. . . . . . Joseph ROBINEAU, s^r de La Vergne-Chaminière.

César Robineau, s^r de La Vergne-Chaminière.
Élizabeth de Fenioux, veuve de Daniel Robineau, s^r de La Rénolière.
Josué Robineau, s^r de La Vergne-Chaminière.
Alexandre Robineau, s^r de La Vérolière.

Porte Robineau : *de gueulle à la croix pattée
d'argent à cinq besans d'or mis en bandé.*

Venanceau. . . . . Robert REGNAULT, s^r de La Mothe, idem à
Idem à Allonne, Allonne, Election de Niort, sous l'article
Élect. de Niort. de René Régnaut, s^r de Messignac.
Mauzé, Election
de La Rochelle. Isaac Regnaut, s^r du Pasleau.

Beaulieu. . . . . . Caliste RORTHAIS, s^r de La Savarye, idem
St-Germain-de- cy-devant Elect. de Fontenay à St-Germain
Pranzay. . . . . . sous le nom de Louys Roorthais, s^r de
Monbail.

Yves de Rorthais, s^r de La Rochette.
Gabriel, s^r de La Rochette-Jaudouin.

Porte de Rorthais : *d'argent à 3 fleurs de
lys de gueule, 2 et 1, à la bordure de suble.*

Chasteauneuf. . . André RIVAUDEAU, s^r des Roziers.
La Cartaine. . . . Louys Rivaudeau, s^r de La Gouillonnière.
Saint-Gervais. . . Louys Rivaudeau, s^r de La Cuillottière.

Porte Rivaudeau : *d'argent à une croix pattée de gueule.*

S

Beaulieu . . . . . . Pierre SURIMEAU, sr de La Guessière et de La Tousche.

Porte Surimeau : *d'or à 3 cœurs de gueule 2 et 1.*

T

Les Moutiers-les- Damoiselle Jeanne THUBIN, veuve de Henry
Mauxfaits. . . . de Bryon, sr de La Mothe, et ses enfants.

Saint-Benoist . . . Philippes THOMASSET, sr de La Foy.
Philippes Thomasset, sr du Vigeau-Naupin.
Pierre, sr de La Boislinière, et Philippes, sr de La Vigne-du-Peu.

Porte Thomasset : *tiercé en fasce au premier d'azur au griffon d'or bequé et onglé de gueule, au 2 de sable, au 3 d'argent à 3 mouchetures d'hermine.*

Louys TAILLEFERT de MONTAUSIER, sr de La Charoullière.
Porte Montausier : *d'or à 3 lozanges d'azur.*

ÉLECTION DE FONTENAY.

A

Montournais . . . Charles AUDAYER , s^r de la Maison-Neuve.
   Porte : *de gueulle à la croix ancrée d'or.*

Bazoges. . . . . . David AUGEARD , s^r de la Bobinière. —
   Idem aux Groseillers et à Mouchamp.
   Porte Augeard : *de sinople au lion d'argent.*

Saint - Martin - Jeanne ARNAUDEAU, dame de St-Martin,
des-Noyers. . . . v^{ve} Fr. Lebeuf, s^r de St-Martin.
   Porte Lebeuf : *d'argent à l'aigle à 2 têtes*
esployée de sable onglée et becquée de gueulle.

B

Fontenay. . . . . . J   n BOCQUIER, s^r de la Franchère.
   Porte : *d'azur à 3 molettes d'eperon d'or,*
à 2 fasce d'or.

Fontenay. . . . . . François et Barnabé BRISSON, père et fils.
   Porte : *d'azur à 3 fusées d'argent mises*
en pal et en fasce.

Puy-de-Serre. . . Louis BERNARDEAU, s^r de la Briaudière.
Mouilleron. . . . . Pierre, s^r de Champeaux.
   Louis Bernardeau et sa sœur.
   Porte : *de sable à 3 croix ancrées de*
gueulle.

Saint-Michel-le-Claud....... { Pierre BOUTHON, sr de la Baugisière.

Porte : *d'argent à 3 roses de gueulle.*

Saint-James-des-Bruyères, ... Anne Duchaffaut, vve d'Hilaire BEUFADE, sr des Palinières.

Porte : *d'azur à 3 testes ou rencontres de bœuf couronnés d'or, 2 et 1.*

Marçay....... Jeanne Blouin, vve de Jean BERNON, sr de Marçay.

Porte : *d'azur au lion d'or armé et lampassé de gueulle.*

Coussay . . . . . . René BARLOT, sr du Chastelier.

Porte : *de sable à 3 croix d'argent, 2 et 1 ; supports 2 lions.*

Saint - Vincent - de-Tournelay. . { Alexandre BEJARRY, sr de la Lourière.

Porte : *de sable à 3 fasces d'argent.*

Saint-Mars . . . . Philothée Resgnier, vve de Simon DE BEL-LANGER.

François, sr de Launay ; Henry, sr de la Bro-chetière (à Germond).

Porte Bellanger : *d'azur au chevron d'or.*

Rosnay....... Jacques BELLEAU, sr de la Gennerie.

Porte : *d'azur à 3 bourdons d'argent posés en pal, 2 et 1, celui du milieu surmonté d'une étoile d'or accompagnée de 3 molettes d'éperon d'argent, 2 et 1.*

Les Magnilz . . . . Marie BOUQUIER, vve de Charles DE LA BOUCHERIE.

Voir ci-après, à la lettre D.

Saint-Hilaire-de-
Vouhis. . . . . . Charlotte BOISSON, dame de la Groslière.

Saint-Florent. . . Helye BOISSON, sr de la Barre-Blanchère.
      Porte : d'azur au chevron d'argent chargé
      de 5 aiglons esployés de sable, à 3 colombes
      endevisées d'argent.

Saint-Florent. . . Marie Boisson, dame des Chaumes, vve de
      Jacques BODIN, sr des Chaumes.
      Porte Bodin : d'azur à un cœur d'or percé
      de 3 épées d'argent en pal, en bande, en
      barre à la garde d'or.

La Limouzinière. Marie BODIN, vve de Jean Buzet, sr de la
      Gove, très-noble de son chef, et n'a qu'une
      fille mariée au sr d'Escoubleau.
      Porte Bodin : d'azur à l'écu d'argent à
      l'orle de 9 bezans d'or.

Nalliers. . . . . . . Pierre BARRAUD, sr de la Rivière, et ses
      frères.
      Et les enfants de Charles Barraud et de da-
      moiselle Judith Du Bellay.
      Porte Barraud : d'azur à un écureuil grim-
      pant d'argent armé de sable.

Corbaon. . . . . . René BUHORT, sr de la Gaudertière.
Saint-Hilaire-de- Elisabeth, sa sœur.
Louzy. . . . . . . Gabriel, sr de la Lande.
Chaillé. . . . . . . Elie, sr de Nesgriers.
      Alexandre Buhort et ses enfans.
      Porte : d'argent à 3 coquilles de gueule au
      franc canton dextre d'azur.

La Ferrière. . . . Suzanne BRUNET, vve de Michel Venoix, sr du
      Breuil et de la Pelissonnière, maintenu no-
      ble par arrest des commissaires généraux.

Porte Venoix : *d'azur à deux lions d'or léopardés.*

C

Le Busseau. . . . Isaac CHASTAIGNER, s^r des Houllières.
La v^{ve} David Chastaigner, s^r du Breuil.

Idem que les s^{rs} de Cramahé ; issus de l'Echevinage de La Rochelle, maintenus par arrest de MM. les Commissaires généraux.

Porte Chataigner, de Cramahé : (V. Elect. de La Rochelle.)

Saint-Sulpice. . . Baptiste DE COUÉ, s^r du Placet.

Les Moutiers-sur-Lay. . . . . {René CANTINEAU, s^r de la Hastière.

Porte : *d'argent à 3 molettes d'éperon de sable.*   V. Election de Poitiers.

Le Bourg-sous-la-Roche. . . . . {Charles CHABOT, seigneur du Chaigneau.

Porte Chabot : *d'argent à 3 chabots de gueule, 2 et 1.*

C'est le contraire. Chabot porte : *d'or à 3 chabots de gueule.*

S-Cyr-des-Gats.. Catherine Du Boys, v^{ve} de CHAUVIN, s^r de la Thibaudière. — Idem à la Peyratte, Elect. de Poitiers.

Porte Chauvin : *écartelé au 1 et 4 d'argent à l'aigle esployée d'azur, au 2 et 3 fascé d'argent et d'azur de 3 pièces, à 3 bandes de gueule brochant sur le tout.*

D

Bazoges.. . . . . . Charles DABILLON, sr de Portneuf, des anciens maires de St-Jean-d'Angély, en 1573.

Porte Dabillon : *d'azur à 5 billettes d'argent posées en sautoir.*

Scillé. . . . . . . Les enfants de Jacques DAROT, sr de la Haye.

Idem que le sr de la la Poupelinière et que le sr de l'Huislière, Election de Mauléon, à St-Sulpice.

Porte Darot : *de sable à 2 cygnes accolés d'argent, membrés de gueule, à une bague de gueule au bec.*

Le Langon.. . . . Jacques DARSEMALLE, seigneur du Langon.
Baptiste, sr de la Grange du Langon.
Jacques, sr des Mollinières.
Damoiselle Gabrielle d'Arsemalle.
Et tous les autres du nom ; — deschargés et maintenus nobles par arrest du Conseil d'en haut.

Porte Darsemalle : .....

Luçon. . . . . . . Pierre DAUTHON, sr de Châteauroux, fils
La Jaudonnière. de Michel Dauthon, sr de Mazière, paroisse
La   Boissière - de la Boissière, Election de Thouars, et
Thouarsaise. . . les autres dud. nom.

Porte : *fascé d'or et de sable de 6 pièces.*

Saint - Hilaire -
s.-Autise. . . . . } René DAUX, sr de la Chaume.

Mareuil.. . . . . . François DAUX, sr des Aubuges.

Les mêmes que ceux de l'Election de Poitiers.

Porte Daux : *d'or au lion de sable au chef de gueule chargé de 3 fers de lance à l'antique d'argent.*

St-Mars-d.-Prés.. René DE BELLAY, s^r de la Voute.

Idem le s^r De Bellay, aisné, de Bonnouil-Matours, Election de Châtellerault.

Porte De Bellay : *de sable à la bande fuselée de 4 pièces d'argent.*

Coulonges. . . . . Marc DE CAUMONT, s^r de la Doue.

Porte De Caumont : *d'azur à 2 lions d'or lampassés de gueule.*

Puybelliart. . . . N. DE CHATEAUBRIANT, et sa sœur, marquis des Roches.

Damoiselle Céleste De Châteaubriand, sa sœur.

Porte De Chateaubriant : *de gueule semé de fleurs de lys d'or.*

Saint-Aubin.. . . . Geoffroy DE CHARGÉ, s^r de G^d-Champ.
Corbaon. . . . . . Jean, s^r de Mornac.

Porte De Chargé : *d'azur à la fasce d'argent chargée de 3 étoiles de gueule.*

Cheffois.. . . . . . Michel et Pierre DE COUBLANCS, s^r de la Lardière et de Tourneville.

Esprit Descoublancs.

Joachim Descoublancs. — V. Bouin-sur-Traye, Election de Niort.

Porte : *d'azur à 2 aigles affrontés d'argent.*

Monsireigne.. . . . Jean DE COEDIC, sʳ de Richebourg et de
Bois-Tiffray.

Porte De Coedic : .....

Petosse....... Dame Elisabeth DE COURCILLON, vᵉ de
Frédéric Suzannet.

Les Terres-des-
Chapelles..... } Philippe DE GEON, sʳ de Boisimbert.

Porte De Géon : .....

Vouvent ...... François DE GRANGE, sʳ de la Rée.
Charles, Philippes, Louis, Hélène et Su-
zanne de Granges, frères et sœurs dudit
François.
Idem Election de Niort et Election de
Thouars.

Porte De Granges : *de gueule fretté de vair
de 3 traits, au chef d'or chargé d'un lambel
pendant de sable.*

Chassay .... Isaac François DE GYORC, sʳ de Barbezières.

Porte De Gyorc : .....

Luçon.. .... Léon DE LAURIERE, sʳ dud. lieu.

Porte Delaurier : *d'azur à 3 chevrons d'argent, au lion passant d'or.*

Saint-Pompain.. François DE LYNIERS, sʳ de Sᵗ-Pompain.
Jean, sʳ de Château-Musset.
Et les autres dudit nom. — Le sʳ de la Bour-
belière est l'aisné de la famille.

Porte De Lyniers : *d'argent à la fasce de
gueule, à la bordure de sable chargée de 8
bezans d'or.*

Fontenay...... Charles Théodore DE MAHE, s' de Terre-
neuve.

    Porte de Mahe : .....

Menomblet..... Louis DE MAILLÉ, s' de Puyguillon et de
Villeneuvelle.

Montournois.... Léon, s' de Villeneuve.

 Breuil-Barret Toussaint, s' des Gatz.

(El. de Thouars). Perrine de Maillé, v° de Charieux, s' du
Pont.

    Porte De Maillé : *d'azur à 9 fasces nébulées
d'argent.*

    C'est le contraire : *porte d'or à 9 fasces
ondées de gueule.*

Fontenay...... Jacob DE MODON, s' de la Roche-Biraut.

    Porte De Modon : .....

Bretignolles.... Damoiselle Louise DE MONNORY, v° d'un
de Verrue.

    Sans enfants.

    Porte De Monnory :

St-Martin-l'Ars.. Marguerite du Pont, v° de Pierre DE NES-
MOND.

    N. De Nesmond, s' de la Pougerie.

    Les mêmes que ceux de la paroisse des
Salles, Election de Poitiers.

    Il y a une autre famille, issue d'Angou-
lême.

    Porte de Nesmond : *d'or à 9 cors de chasse
de sable liés d'azur.*

Fougère ...... Pierre DE PATRAS, s' de Bechillon.

    Joachim, s' de la Chevasse.

    Porte De Patras : *d'azur à 2 bourdons d'or*

passés en sautoir, cantonnés de 4 roses d'argent.

Jaudonnière.... Jacob DE PUYROUSSET, sʳ de la Bretaizière, annobli, vérifié au mois d'août 1615.

Porte Puyrousset : (V. à P.)

Sainte-Pezenne.. Henry DE REGNON, sʳ de Saligné.

Porte : *d'azur à 3 mouches à miel d'or, 3 et 1.*

Monchamp..... Philippe DE RYON, sʳ de Boisimbert.

Porte De Ryon : *de gueule à la croix d'argent cantonnée de 4 roses d'or.*

Le Bourg-sous- Julien de Saligny, baron de la Chèze.
la-Roche. .... Louis, sʳ de l'Ardière.

Porte de Saligny : *de gueule à 3 pals au pied fiché d'or à la bordure dentelée de même.*

Saint-Florent... Henry DE SALO, sʳ de Semaigne.
Louis et Claude de Salo. — Et les autres de Paris.

Porte De Salo : *de gueule à 3 roquets ou fers de lance d'argent.*

Petosse....... Dame Elisabeth De Courcillon, vᵉ de Frédéric SUZANNET, sʳ de la Forêt-Bredollière.
Marc, Antoine, Philippe, Frédéric, Charlotte et Elisabeth Suzannet.
Gabriel Suzannet, sʳ de la Richardière ; Cécile, Louise et Marie, ses sœurs.

Porte Suzannet : *d'azur à 3 cannettes d'argent.*

Montournais . . .   Louis DEVALLÉE, s^r de la Roche.
D'ancienne noblesse.

Porte Devallée...

Champgillon . . .   Dame Perrette De Vernette et d'Aygonnay,
v^{ve} de N. RACODET, s^r d'Aigonnay.
Alexandre Racodet, s^r de Ste-Opportune.

Porte Racodet : *de sable à 3 roses d'argent.*

Luçon. . . . .   Gabriel DE VILLENEUVE, s^r du Plessis-
Rosnay.

Porte De Villeneuve...

Saint-André-de-   René DE LA BOUCHERIE, s^r de la Grange.
Mareuil. . . . . .   Marie Bocquier, v^{ve} de Charles de la Bouche-
rie, s^r du Fief.
Charles, leur fils.
René de la Boucherie, s^r du Guy.
Gabriel, s^r de la Touche.

Porte De La Boucherie : *d'azur au cerf passant d'or.*

Saint-Pierre-du-   Dame Louise DE LA CRESSONNIÈRE, dame
Chemin. . . . . .   de la Papinière.
Bourneau. . . . .   Henriette de la Cressonnière, dame de la
Blondinière, v^{ve} de René Chenu, s^r de
St-Philbert.

Toute cette famille est tombée en quenouille.

Porte De La Cressonnière : *d'argent à l'aigle de sable membrée et becquée de gueule.*

Adrien DE LA FONTAYNE, s^r de la Jarousse,
garde du corps du Roy de père en fils. —
Vétéran.

La Limousinière. Louis DE LA GUÉRINIÈRE, s⁻ de la Roche-Henri et les autres.

Porte De La Guérinière : *d'or à 3 croissans montant d'argent.*

Lespinaux. . . . . . Gabriel DE LA HAYE, s⁻ de la Gaillardière. Marc, s⁻ de la Maison-Neuve.

Idem les autres, Election des Sables.

Porte : *d'or à l'orle de 6 merlettes de sable à un croissant d'azur en abîme.*

Les Moutiers . . . Daniel DE LA PRIMAUDAYE, s⁻ de la Barre.

Porte De La Primaudaye : *de France à l'écu en abime d'or chargé d'un tourteau de sable accompagné d'un pied de griffon d'or ; écartelé de Goulaine moitié d'Angleterre, moitié de France.*

S⁻-Florence-de-l'Abergement . . Jeanne DE LA ROCHE, dame D'Espannes, fille de Pierre de la Roche, s⁻ du Colombier.

Idem Françoise de la Roche, vᵛᵉ de Charles Lévesque, s⁻ de Puy-Bernaud, qui y estoyt Roche de son chef.

Porte De La Roche : *d'argent et de gueule de dix pièces.*

S⁻-Etienne-des-Loges . . . . La vᵛᵉ de René DES LAYNES, s⁻ de la Vergne. Louis Deslaynes, s⁻ de la Fuye.

Porte Des Laynes...

S⁻-Laurent-de-la-Salle. . . . . . Suzanne DES MOULINS, vᵛᵉ de Louis Lefranc, s⁻ du Plessis ; maintenue par arrest de MM. les Commissaires généraux.

Daniel Des Moulins.

Porte Des Moulins...

Bazoges....... Charles DES MONSTILS, s^r de la Groix.

Porte Des Monstils : *d'argent à 3 roses de gueule au rasoir d'or emmanché de sable posé en sautoir.*

Chantonnay.. . . Gabriel DES NOUES, s^r de Beaumont-Pailly.

Idem à Ecope-Chagnière, Election de Mauléon.

Très-ancienne famille.

Porte Des Noues : *de gueule à une fleur de lis d'or.*

S^t - Maixent - de - Beugné...... Jean DESPRES, s^r de Champolein.

Idem que les autres Desprez, Election de Fontenay et de Niort.

Porte Desprez : *d'or à 3 bandes de gueule au chef d'azur chargé de 3 etoiles d'or.*

Saint-Hilaire-de-Vouchis...... Gabriel DES VILLATES, s^r de Champagne-sur-les-Marais.

Marguerite de Villattes, sa sœur, v^{ve} de Elie de la Varanne, roturier de son chef.

Thorigny...... Pierre Des Villattes, s^r de la Bousse, maintenu par arrest des Commissaires.

Saint-Remy-de-Pillot....... Gabriel DORIN, s^r de Poyrond.

Porte Dorin : *d'argent à 3 alouettes de sable.*

Julien DOYNEAU, s^r de la Charrière.

N. Doyneau, s^r de Montournois.

Porte Doyneau : *de gueule à 3 roses d'argent.*

S^t - Germain-de-Prinçay......
Le Puy-Belliart. Louis D'OYRON, s^r des Bouchaux, } frères.
Antoine, s^r des Coudraux.
Léon, s^r de St-Vincent.

Jacques, s^r de la Touche.
>Ancienne noblesse.

Porte D'Oyron : *d'argent à 3 roses de gueule 3 et 1.*

Breuil-Barret... Pierre DRAUT, s^r de Rochereuil, annobli confirmé par brevet de retenue.

Porte Draut...

Mareuil........ Gédéon DUBOYS, s^r de la Touche-Levraut.
François, s^r de la Blonchardière.
Françoise Duboys, dame de la Potière.

Porte Duboys : *d'or à la hure de sanglier arrachée de sable.*

N.-D. de Coussay. Jacques DUBOUSSAY, s^r du Pastis.
Suzanne de Thorigny, v^{ve} de Isaac Dubousset.

Porte Duboussay : *d'azur à 1 croissant montant d'argent.*

Chassenon..... François DUBREUIL, s^r de Chassenon et d'Aigrefeuille.

Porte Dubreuil : *d'argent à la croix ancrée de gueule.*

Mouchamp..... Louis DUGAST, s^r de la Fontenille.
Samuel, s^r de la Roche.
Isaac, s^r de la Proustière.

Porte : *d'azur au croissant d'argent accompagné de 3 etoiles d'or, 2 et 1.*

Charles DURAND, s^r de Chalandray, annobli par lettres confirmées par le Roy.

Porte Durand : *d'or à 3 trèffles de sinople.*

Cezay........ Eléonor DUTHERDE, v^{ve} de Jean Giraut, s^r de Puychaban, issu des anciens maires de Niort.

Porte Giraud. — V. Election de Niort.

E

St-Martin-l'Ars. Elie ESPINASSEAU, s^r du Boys.
Abraham, s^r des Noyers.
Gilles, s^r de la Jolinetière.
Et les autres.

Porte Espinasseau : *d'azur à 3 etoiles d'argent.*

Fontenay...... Damoiselle EASME, v^{ve} de feu Joseph de Monion.

Porte Easme : *d'azur à 3 etoiles d'argent.*

F

Ste-Gemme-des-Bruyères..... François FLEURY, s^r de la Pelleterie. — Idem que celui de Bru, Election de Poitiers cy-devant.

Porte comme les dessusdits...

Chizé........ Jean FOUCHER, s^r de la Fumoire, et les autres au gué de Ste-Flaive, Election des Sables.

Gué de Ste-Flaive.

Porte : *de sable au lion d'argent couronné lampassé et armé de gueule.*

G

Fontenay....... Jean GRIMOUARD, s^r de Villefolet.

Jacques, s^r de Payré.

Ils portaient anciennement le nom de CHE-
VALIER, changé par le contrat de mariage
de Jean Chevalier avec Claude de Trochart,
par stipulation de Philippe Grimouard, s^r de
Perré, oncle maternel dudit Chevalier, qui
luy fit un grand don.

Porte Grimouard : *d'argent fretté de gueule
à 6 bâtons, au franc canton dextre d'azur.*

Xanton....... Gilbert GAUTREAU, s^r de la Touche-Massé.

St-Nicolas-de-la- Jacques, s^r du Landreau.

 Chaize....... Les enfants de feu Jacques Gautreau, s^r de
St-Mars.

Porte Gautreau : *d'azur à 3 coquilles d'argent.*

Xanton....... Jean GIRAUT, s^r de la Couture ; annobly par
le Roy au moys d'aoust 1653, et retenu par
brevet du 8 septembre 1667.

Porte Giraut...

Chavagné. .... Hector GENTIL, s^r des Touches.

Porte Gentil : *5 points équipolants à 4, es-
chiquetez d'or et d'azur.*

St-Martin-l'Ars.. Charles GOURDEAUT, s^r des Bessons et de
Montigny.

Longesves ..... Paul, s^r de Longesve.

Léon, sr de St-Vincent, à N.-D. du Bourg-des-Herbiers, Election de Mauléon.

Porte Gourdeau...

La Chapelle-The-mer........ Louis GRESLIER, sr de la Jousselinière.
Pierre, sr des Chaumes.
Philippe, son frère. — Et les autres du nom.

Porte Greslier : *d'argent à 2 roses de gueule en chef et une fleur de lys de sable en pointe.*

Thouarcé........ René GABORIN, sr de Thouarcé et ses frères.
Henri, sr de Puymain, Election de Mauléon.

Porte Gaborin : *d'azur à 3 trefles d'or, 2 et 1.*

Dissay........ Samuel et Jean DE GOYSY, srs d'Issay, maintenus nobles par arrest de MM. les Commissaires généraux.

L'Abergement.... Jacques GUYGNARDEAU, sr de Puymai.
Claude, sr de Vannes. — Maintenus nobles par arrest de MM. les Commissaires généraux et déchargés de la condamnation rendue contre eux.

Porte Guygnardeau...

Nalliers........ Louis GUÉRIN, sr de la Vergne.
Louis et René, srs de la Davière et de Lambertie.

Porte Guérin : *d'argent au chevron de gueule accompagné de 3 roses de même, 2 et 1.*

Le Bourg-sous-la-Roche........ Claude et Ysabeau GAZEAU, dame de la Courtaginière et de la Pommérayé.
Louis Gazeau, sr de Puyraveau.
Jean, sr de la Lansonnière.

12

Louis, s^r de la Greffellère.

David, s^r de St-André.

Porte Gazeau : *d'argent au chevron de gueule accompagné de 3 trefles de sinople.*

Saint-Florent... Jean GERVIER, s^r de la Proustière.

La v^{ve} Pierre Gervyer et ses enfants.

Porte Gervyer : *de sable à la fleur de lys d'argent.*

La Terre - des - Léon GOURDE. — Idem cy-devant St-Martin-

Chapelles..... l'Ars.

Nalliers...... Jacques, s^r de la Villehersée et des Ardilliers.

Porte Gourde : *à l'aigle esployée de sable, membrée et becquée de gueule.*

H

S^t - *Martin - des -* ⎰ Henry HÊLYE, s^r de Boisroux.
Fontaines.... ⎱

Porte Hélye : *d'azur à la fasce fuselée d'or.*

Le Simon..... Jacques HUISLARD, s^r de la Papaudière.

François, s^r de la Voie.

Anoblis par lettres confirmées par le Roy.

Porte...

J

Mareuil........ René JAUDOIN, s^r du Pastis, et les autres du nom, maintenus nobles par arrest de MM. les Commissaires.

Saint-Florent... . Charles JOUBERT, s^r du Plessis-Tiercelin.
Idem que ceux de St-Denis-de-la-Chartrouse
Election de Mauléon.

Porte Joubert : *d'azur à 3 mollettes d'éperon d'or.*

St-Juyre, Aizenay Louis JAILLARD, s^r de St-Juyre ; idem que
(El. des Sables). ceux d'Aizenay et du Payré-sous-la-Roche.

Porte Saillard : *d'azur à 3 tours d'or, 2 et 1.*

La Simon . . . . . Marie JOUSSELIN, v^{ve} de Jean Huislard. —
V. H.

L

Fontenay.. . . . . La v^{ve} du s^r De LACOUR, s^r de LESTORIÈRE.
— Idem que les autres de la Cour, Election
de Poitiers, paroisses de Clessé, Vernoux,
Lezay et la Forêt-sur-Sèvre, Election de
Thouars.

Cheffois.. . . . . . Jean LAMOUREUX, s^r de la Foresterie.

Porte Lamoureux...

St-Laurent-de-la- Suzanne Des Moulins, v^{ve} de Louis LEFRANC,
Salle........ maintenue noble par arrest des Commis-
saires.

S^t - Georges - de - Charles LEGEAY, s^r de l'Establier.
Montaigu.. . . . . Jacques.

Gédéon Legeay. Damoiselle Marie, fille dudit
Gédéon.

Idem que ceux de l'Election de Mauléon.

Porte Legeay : *d'azur à un pin de sinople
rehaussé d'un croissant et d'un aiglon de sable.*

Les Moutiers-sur-le-Lay........ | Victor LEROUX, sr de la Livernière.

Porte Leroux : *d'azur au lion d'or couronné et lampassé de gueule.*

M

Fontenay....... Jean MOREAU, assesseur criminel à Fontenay, anobli par lettres et avec le brevet de retenue du Roy ; maintenu noble.
Porte Moreau : *d'or au bœuf de gueule.*

Chassenon..... La vve de Louis MAURAS, sr de Chassenon-le-Vieil.
Charles, son fils, sr de Chassenon-le-Vieil.
Porte Mauras : *d'azur au chevron d'or accompagné de 3 étoiles du second.*

Monsireigne.... Henri MERVEILLAUT, sr de Fourchepère.
Charles, sr de l'Audonnière.
Porte Merveillaux : *d'azur à 3 molettes d'éperon d'argent, à la fasce d'or.*

Thouarcé...... Jacques MALLERAY, sr de Puysec, anobli par lettres confirmées par le brevet de retenue.
Porte Malleray : *de gueule à la bande d'or chargée de 3 molettes d'éperon de sable.*

Saint-Philbert de Pont-Charraut. François MAUCLERC, sr de la Berthaudière et de la Muzanchère.
Idem que les Mauclerc, srs de Marconnay ci-après.
Jacques, sr de Marconnay, et son fils, René de Marconnay.

René de Marconnay, sr de Petit-Brix.

Marie Mauclerc, vve de Pierre Borgnet, sr de la Gaborie.

Porte Mauclerc : *d'argent à une croix ancrée de gueule.*

Luçon, Secondi-gny(E. de Niort). André MICOU, sr de Céré, anobli par lettres confirmées par un brevet de retenue.

François MAYNARD, sr de la Barotière.

Christophe Maynard, sr de la Vergne-Peaux.

Porte Maynard d'Espaus : *d'argent fretté d'azur.*

St-Nicolas-de-la-Chèze. . . . . . . Alexis MASSON, sr de la Guyonnière ; — idem, à St-Georges-en-Lande-Ronde et aux Sables, Gilles Masson, sr de la Noue.

Porte.....

Le Simon . . . . . Louis MASLIER, sr de Chantonville, issu d'un secrétaire du Roy, mort dans sa charge.

Porte Maslier : *d'argent à la fasce d'azur accompagnée de 3 roses de gueule 2 et 1.*

P

Fontenay.. . . . . Jean PINIOT, sr de l'Hometail et de la Largière.

La Jaudonnière. Damoiselle France Mauclerc, vve Pierre Piniot, sr de la Giraudière.

Samuel, sr de la Largière.

Idem que les srs de Puychenin à Fenioux, Élection de Niort.

Porte Piniot, les mêmes armes qui sont : *d'argent au chevron de sable accompagné en chef de 9 étoiles, et en pointe d'un lion léopardé de gueule.*

Jean PAGER, s* de la Maison-Vieille, anobli par lettres du moys de juillet 1652, accompagnées d'un brevet de retenue du Roy du moys de janvier 1662.

St-*Laurent-de-la-* Gallier PICARD, s* de la Touche-Moreau.
Salle........ François, s* de la Touche-Moreau.

    Porte Picard : d'azur à 9 étoiles d'or en chef et une croix pattée de gueule en pointe.

St-*Hilaire-du-* {Paul PUYROUSSET, s* de Villefossé.
Bois........
La Jaudonnière. Jacob, s* de la Mortaizière.

    Anobli par le Roy Louis XIII en 1615 pour des services considérables rendus au Roy Henry IV et à luy par les predecesseurs cydessus dits, estant lors habitant en la ville de la Rochelle durant les guerres civiles.

St-*Martin-l'Ars..* René PRÉVOST, s* de la Pintrollière.
Chantonnay... François, s* de la Bouchelière.

    Porte Prévost : d'argent à 9 hures de sanglier de sable allumées et mirées de gueule.

Lhermenaut.... Jean PUGNET, s* de Boisvert, issu de l'echevinage de Niort.

R

Fontenay...... André ROBERT, s* de Fief-Gauvert, fils d'André Robert.

    Porte Robert : d'azur au lion d'argent.

Montournois.... François ROUSSEAU, sr du Chesne.
Mathieu, sr de Blouijean.
Idem que les srs de la Parisière de Poitiers.
— V. Poitiers.

La Chataigne- { Jean ROCAS, sr de la Salinière.
raye........
Maintenu noble par arrest de MM. les Commissaires généraux.

Saint-Florent... Jacques De RAMPSAY, écossais. — Damoi-
selle Marguerite Guibert, sa veuve.
Jacques.
Marguerite.
Marie de Rampsay.

Bourneau..... Jeanne RAMPILLON, vve de René de Thori-
Thorigny..... gny, sr de Bois-Herbert. — V. T.

Chantonnay.... Louis ROUSLIN, sr du Clousiz.
Maintenu noble par arrest des Commissaires.

St-Germain-de- Louis De REORTHAIS, sr de Montbail et de
Prinçay..... St-Reveran des Sables.
Porte De Reorthais : *d'argent à 3 fleurs de
lis de gueule à la bordure de sable bezantée
d'or.*

La Couture.... Jean ROBERT, sr de la Gennerie.
N. Robert, sr du Chou.
Porte Robert : *d'or à 6 pals de gueule.*

Moutiers - sur - { Jacques RAYVEAU, sr des Minières.
Lay........
Porte Rayveau : *au chef d'or chargé de 3
étoiles de sable au pal cometé d'argent accosté
de 2 porcs épics d'or hérissés de sable et soutenu d'une étoile du second en pointe.*

Thorigny...... Joseph ROATIN, s^r du Temple.
Idem que ceux de Poitiers.

Porte : *d'azur au chevron d'or accompagné de 3 fers de lance mornés d'argent.*

Champgillon... Alexandre RACODET, s^r de Ste-Opportune, tant en son nom que comme curateur de François, Jean et Jeanne Racodet, enfants mineurs de deffunct Jean Racodet, escuyer, s^r de la Guillemaudière.
Porte Racodet : *de sable à 3 roses d'argent.*

Saint-Mars.... Philotée REIGNYER, v^{ve} de Simon do Bellenger.

S

St-Laurent-la- René SALBERT, s^r des Houillères.
Salle......... Joan, s^r du Breuil-Bernard.
Jean, s^r de Villiers.

Porte Salbert : *d'argent à 3 hures de sanglier arrachées de sable.*

Luçon......... René SOCHET, s^r de la Haye, secrétaire du Roy.

Porte Sochet : *d'argent à 3 merlettes de sable.*

Jaudonnière...
St-Martin-l'Ars..} Marc SUZANNET, et les autres ci-dessus.

Porte Suzannet : *d'azur à 3 cannettes d'argent, 2 et 1.*

L'Abergement.. René SAPINAUD, s^r de l'Herbergement.

Porte Sapinaud : *d'argent à 3 merlettes de sable, 2 et 1.*

T

Denant.	Jacques TIRAQUEAU, s^r de la Jarrie, aisné de la famille.
St-Cyr-des-Gats..	Charles, s^r de la Grignonnière.

Porte Tiraqueau : *d'argent à 3 cannettes de sable soutenues d'une rivière ondée d'or et d'azur.*

Charles TEXIER, s^r de St-Germain, rétably dans sa noblesse par lettres de relief du 3 juillet 1664 enterinées.

Porte Texier : *de gueule à 9 navettes d'or, 3 et 1.*

Saint-Sulpice. . . René THERONNEAU, s^r de la Boulaye.
N. Theronneau, s^r de la Pépinière.
Damoiselle Renée Theronneau.
Louis, s^r de la Boucherie.
Louis, s^r de Tillac, Election de Mauléon.
Guy, s^r de Richebonne — au Boupère, Election de Thouars.

Porte Theronneau : *de gueule à la fasce d'argent à 3 bezans du second, 2 en chef, 1 en pointe.*

Sainte-Pezinne.. Jean TINGUY, s^r de Vaussay; idem que celui de la Grosle, Election de Mauléon, et que Abrah. Tinguy, Elect. des Sables.

Porte Tinguy: *d'azur à 4 fleurs de lys cantonnées d'or.*

Bournau. . . . . . Jeanne Rampillon, v^{ve} de René De THORI-
Thorigny. . . . . . GNY, s^r de Boisherbert.

Porte De Thorigny : *d'argent à 7 merlettes*

de gueule posées 2, 3 et 2 au franc canton du second.

Thorigny.. . . . . Charles TRANCHANT, s^r de la Barre.
Louis, s^r de la Jaudonnière.

Porte Tranchant : *de gueule à la fasce d'argent à 3 carreaux du second, 2 et 1.*

V

Chantonnay.. . . Damoiselle Marguerite Thireau, v^{ve} de François VALLANT, s^r de la Jaudonnière, tutrice
de Philippe Vallant son fils.
Samuel, s^r de la Forestière.

Porte Vallant : *d'or à la croix endentée de sable chargée de 5 coquilles d'argent.*

Foussay. . . . . . Damoiselle Anne VATABLE, v^{ve} de deffunt
Louis Guilloteau ; anobly par lettres du Roy,
anciennes et confirmées.

Le Langon.. . . . Jean de VERTEUIL, s^r de la Grange-Pasgi-
raud.
Henri de Verteuil.
Denis de Verteuil, s^r de Caumont.

Porte de Verteuil : *d'argent à 3 lozanges de gueule.*

La Ferrière. . . . Suzanne Brunet, v^{ve} de Michel VENOIX, s^r du
Breuil et de la Pelissonière ; maintenu noble
par arrest des Commissaires généraux.

Porte Venoix : *d'azur à 2 lions d'or léopardés, ou l'un sur l'autre.*

Ste.-Florence-de-
l'Abergement. . { Symphorien VIGOUREUX, sr de Laumaryère.

Luçon. . . . . Jacques YVON, sr de la Roussière, anobly
par lettres du Roy, confirmées par le bre-
vet de retenue. Il est fils de deffunct Gilles
Yvon qui avoit esté anobly par lettres de
1643.

Porte Yvon : *d'azur au chevron échiqueté
de 3 traits d'argent et de gueule accompagné
de 3 étoiles d'or, 2 et 1.*

ÉLECTION DE LA ROCHELLE.

B

La Rochelle. . . . . Damoiselle Louise De BELLAY, v^{ve} de Jean Saragand, s^r du Breuil-aux-Servans.

Porte SARAGAND : *d'a..ur au chevron d'or accompagné de 3 croisettes d'argent, 2 et 1.*

Salles. . . . . Pierre BLANDIN, s^r de l'Herbaudière.
Surgères. . . . . . . Jean, s^r des Prises.

Porte Blandin : *d'azur au chevron d'or à la billette passant d'argent en pointe, au chef de gueule chargé de 3 étoiles d'or.*

Salles. . . . . Henry BONNEFOY, condamné, ensuite deschargé et maintenu noble.

La Jarrie. . . . . . Pierre BERNON, s^r des Groslières et Groseillers.
Esther Pinaud, v^{ve} Gabriel Bernon.
Jeanne Blouin, v^{ve} de Jean Bernon.

Porte : *d'azur au lion d'or armé et lampassé de gueule.*

Saint-Eloy. . . . . Jean BERTHINAUD, s^r de la Faye, issu de l'Echevinage de La Rochelle.
St-Jean-Liversay. La veuve et enfants de feu s^r Claude Berthinaud.

Virson. . . . . . . François BARDONIN, s^r du Breuil de Som-
meville.

Gaspard, s^r de l'Angliers.

Eléonor de Belon, v^{ve} de Gauthier Bardonin,
s^r de l'Ogerie.

Porte : *d'azur à 3 molettes d'éperon d'or.*

Saint-Joulle. . . . Barthélemy BRISSONNET, s^r du Teil-aux-
Secrets.

Porte : *d'azur à la bande camponnée d'or
et de gueule.*

Les Forges. . . . . Sylvie BOYLESVE, v^{ve} de Benjamin de MAI-
GNÉ, et ses enfants.

Porte de Maygné : *de gueule à la croix
ancrée d'argent.*

Marsilly. . . . . . Madeleine BRISSON, v^{ve} de Jean Des Moutils.
— V. Desmoutils.

La Gord. . . . . . Arnaud BRUNEAU, s^r de la Chabossière,
capitaine de vaisseau ; anobly par le Roy,
brevet de retenue.

Mousnereau BERNE, s^r d'Angoulins.

Jacques, s^r de l'Homède.

Porte : *de pourpre à l'ours de sable surmonté d'un aigle d'argent.*

C

Salles. . . . . Roch CHASTAIGNER, s^r de Cramahé. —
Idem, Election des Sables ; maintenus
nobles par arrest.

Porte Chastaigner : *coupé d'argent et de
sable au chevron renvoyé de l'un à l'autre,
au croissant montant et 2 étoiles de même.*

Le Breuil - de - Adam COLLIN, s' de Rannories, — de l'E-
Magné.......   chevinage de la Rochelle.

Le Breuil - la -   Abraham CALLAYS, s' de Faveau.
Réorte ....

    Porte Callays : d'azur à 9 bourdons d'or mis
en pal accompagnez de 9 coquilles d'argent,
costoyant chacune le bourdon du milieu.

Cordran. . . . . . . Charles COMPAIN, s' de Chozelles.

    Porte Compain : d'azur à un massacre de
cerf d'or en pointe, surmonté d'une tête de
léopard arrachée et d'une fleur de lis d'or.

Mauzé.. . . . . . . Jean-Paul CHEVALIER, seigneur de la Motte-
    Ayraud.

    Idem, que le seigneur de la Frapinière,
Election de St-Maixent, et les autres, Election de Poitiers.

    Porte Chevalier . de gueule à 3 fleurs de lis
d'or posées en pal, 2 et 1.

Verrine.. . . . . . Jacques CASIMIR DE LA ROCHEFOUCAUT,
    s' de Fontpastour.

    Porte De la Rochefoucault : burelé d'argent
et d'azur à 3 chevrons de gueule, le dernier
en pointe.

Esnande. . . . . . Charles CHOLLET, s' de Ligny et sa sœur,
    de l'Echevinage de la Rochelle.

D

Marlonge . . . . . Jean DAIX de Mesmy, s' de la Roche-Estiers.
Saint-Maixent. . Isaac, s' de l'Angevinière.

Suzanne Daix, vᵛᵉ de Michel Daix, sʳ de la Guillotière.

Jean, Marie, Suzanne, leurs enfants.

Porte Daix : *de gueule à la bande d'or au lambel de même à 3 pendants.*

Dompierre. . . . . La dame DARGEANCE et les damoiselles d'Argeance ses filles.

Cheneville (Él. de Chatellerault). . La dame d'Argeance, fille non mariée.

Idem à Chenneville, Election de Chatellerault, le sʳ d'Assaucy.

Porte D'Argeance : *de gueule à une fleur de lis d'argent en abîme.*

Sᵗ-Sauveur-de-Nuaillé. . . . . Jean DAVID, sʳ de la Fraignée, issu de l'Echevinage de La Rochelle.

La Rochelle. . . . Louis DE DURLÉ, sʳ de Chervaise.

Le Breuil-de-Mairé. . . . . . Henry de CARMANT, sʳ de Poyré.

Laudray. . . . . . René DE CULANT, sʳ de Ciré.

Jacques, seigneur de Landray.

Issus de l'admiral Culant.

Porte De Culant : *écartelé au 1 et 4 d'argent au sautoir engrelé de gueule, accompagné de 12 tourteaux de sable mis 3, 3, 3, et 3 ; au 2 et 3 d'azur semé d'étoiles d'or au lion de même.*

Surgères. . . . . . Charles-François DE FONSÈQUE DE LA ROCHEFOUCAUT, marquis de Surgères.

Porte De Fonsèques : *d'or à 5 étoiles de gueule 2, 2 et 1, écartelé de gueule à une fasce vairée.*

Vatron. . . . . . . Daniel DE MAZIÈRES, s' des Fontaines et
du Cher.

Benjamin, s' du Passage et de Marouillet.
Maintenus nobles par arrest des Commissaires.

Charles SORGON, s' de S'-Christophe.

Saint-Rogatien.. Gabriel DE CERIS, s' de Beauregard.
Mauzé.. . . . . . . Louis.

Porte De Ceris : d'azur bandé d'or.

Perigny. . . . . . Henry DE CHEUSE, s' des Cheminées-Rou-
ges, issu de l'Echevinage ancien de S'-Jean-
d'Angély.

Mauzé.. . . . . . . Pierre GILLIER, s' d'Épannes. — Idem que
les s' de la Villedieu et de Puygarreau.

Porte Gillier : d'or au chevron d'azur accompagné de 3 macles de gueule, 2 et 1.

Saint-Georges .. Théodore DE LESCURE, s' du·Breuil et de
Font-de-Maise.

Porte De Lescure : d'azur au chef cousu de
gueule chargé d'un croissant d'argent accompagné de 3 étoiles de sable, 2 en chef, 1 en
pointe.

Sylvie Boylève, v'' de Benjamin DE MAIGNÉ,
s' de Sigongne.
Benjamin.
Charles.
Sylvie.
Marie de Maygné, leurs enfants.

Porte De Maygné : de gueule à la croix
ancrée d'argent.

Esnandes . . . . . François DE MONTBRON, sr d'Esnandes. —
Idem que ceux de l'Election de Niort.
Porte de Montbron : fascé d'argent et d'azur
de 8 pièces.

Benon . . . . César DE MONTALEMBERT, sr des Essarts.
Porte De Montalembert : d'argent à la croix
ancrée de sable.

Marcay. . . . . . . Louis DE St-GEORGES, sr de Marcay.
Idem à Champagné-le-Sec (Election de Poi-
tiers) ; les mêmes que ceux de Ceaux et de
Vérac.
La ve Louis De St-Georges, sr de Lorchigny.
Porte De St-Georges : d'or au chevron d'a-
zur accompagné de 3 mascles de gueule, 2 et 1.

La Leigne. . . . . Hélie DE Ste-HERMINE, seigneur du dit lieu.
Porte De Ste-Hermine : d'hermines sans
nombre.

Salles. . . . . GRAIN DE St-MARSAULT, baron de Chate-
laillon, et les autres.
Porte : d'azur à 3 demys-vols d'or.

Amilly. . . . . . . Abraham DE RANQUES, sr de la Maison-
Blanche.
Abraham, sr du Breuil.
Pierre, sr des Granges.
Henri, sr de Prin.
Porte de Ranques : d'azur à 3 étoiles d'or
en chef au chevron abaissé d'argent accom-
pagné de 3 larmes de même.

Marçay. . . . . . . Moyse DE VOULON, sr de Peyneuf.
Idem à Prailles, Election de St-Maixent.
Porte De Voulon : d'azur à 3 étoiles d'or,
2 en chef, 1 en pointe, la fasce de même.

13

Marçay........ Elie DE LA CAVE, sr du Treuil-Chopin.

Fouras........ Charles ISLE, sr de la Natasaldre de Matesala.
Isaac, sr de la Loère.
Robert, sr de la Renaudière.
Issus de l'Echevinage de La Rochelle.
Porte Isle : d'argent à 3 roses de gueule, et
pour supports des sauvages de carnation.

Verrines...... Jacques CASIMIR DE LA ROCHEFOUCAUT,
sr de St-Pastour.
Porte De La Rochefoucaut : burelé d'argent
et d'azur à 3 chevrons de gueule sur le tout.

Longesve...... N. Chataignor, sr de la ROCHEPOSAY. —
Idem que les autres, Election de Poitiers
et autres Elections.
Il est l'aisné de la famille; mort sans hoirs
masles de son chef.
Porte Chastagner : d'or au lion passant de
sinople.

La Rochelle.... Balda DE LASTRE, sr d'Aigrefeuille; issu
d'un secrétaire du Roy du collège de Na-
varre, et eschevin de La Rochelle.
Porte De Lastre : d'azur au chevron d'or à
un soleil d'or en chef, accompagné de 2 étoiles d'argent, et d'un croissant de même en
pointe.

Virson........ Jean DE LA TOUR, sr du Breuil.
Porte De La Tour : d'argent à l'aigle
esployée de gueule.

Jouques....... Louis DELHOME, sr d'Angoulin; issu de l'E-
chevinage de La Rochelle en 1594.
N. Delhome, frère dudit Louis.

Longesve...... DES GOURFAILLES (Pierre Giraut, s^r des).

Idem à Champdeniers, Election de Niort.
— Issu des anciens Echevins de Niort.

Marsilly...... Damoiselle Madeleine Brisson, v^{ve} de feu Jean DES MONTILS, s^r de l'Ossandière et ses enfans.

Porte Des Montils : *d'argent à 3 roses de gueule, au rasoir d'or emmanché de sable au cœur de l'écu.*

St-Jean-Liversay. Jacques DU PORTAIL, s^r de la Gorronière.

Mauzé....... Alexandre DEXMIER, s^r d'Olbrouse.

Charles, s^r du Parc,
Henri, s^r du Dougnon, } ses enfants, et de
Jean, s^r de la Bruyère. } Jacquette Poussard.

Porte Dexmier : *d'argent et d'azur à 4 fleurs de lis de l'un à l'autre.*

E

Bouct........ Charles ÉVEILLARD, s^r de Longpré.

Idem que ceux de l'Election des Sables.

F

Le Vert....... François FLEURY, s^r du Vert. — Idem cy-devant à Poitiers.

Il y a un Alexandre Fleury, s^r de Granges, à Virson, qui n'est point de cette famille. Il a été trois fois fermier des grosses fermes; il est roturier et, reconnu tel, condamné.

G

Aytré. . . . . Pierre GUILLEMIN, s' d'Aytré.

> Porte Guillemain : d'or à 9 grenades de sinople fendues de gueule.

Salles. . . . . Pharamond GRAIN DE St-MARSAUT. — V. Grain.

Saint-Mars. . . . Jacques GAILLARD, s' de St-Mars.

> Porte Gaillard : d'azur au chevron abaissé d'or, surmonté de 9 fasces endevisées de même.

Saint-Vivien. . . Amador GOUSSET, s' de Puy-Bâlon et St-Vivien.
> Eléonor Gousse, s' de la Roche-Allard.
> Porte Goussé : de gueule lozangé d'argent.

N.-D.-de-Cou- Seguin GENTIL, s' de la Font, de la Forest
gnes. . . . . et des Fontenelles.
> Idem à Fontenay, paroisse de Chavagné.
> Hector Gentil, s' des Touches.
> Porte Gentil : 5 points équipollents à 4, échiquetés d'or et d'azur.

H

La Rochelle. . . . Amador, Claude et Isaac HUET, issus de l'Echevinage de la Rochelle.
> Mathieu, s' de Soudan.
> Porte : d'or à la fasce de gueule.

Perigny . . . . . . Jacques HENRY, s' de Chassé.,.

        Porte Henry : *d'azur à 3 epis de blé d'or.*

J

Le Gué d'Alleret. Gaston JOUBERT, s' du Gué; idem que coux de Talmont, Election des Sables.

L

La Rochelle. . . . . Damoiselle Elisabeth Lévesque, v'° de Jean De LA FITTE, s' de la Barthelo, mort sans hoirs.

        Porte De La Fitte : *d'or à 3 bandes de gueule.*

Sainte-Soulle. . . . Charles LEVASSEUR, s' de la Grimaudière.

        Porte Levasseur : *d'argent au lion de gueule armé, couronné et lampassé d'or.*

Nouaillé. . . . . . . Claude LE MASTIN, baron de Nuaillé.

        Porte le Mâtin : *d'argent à une cottice de gueule fleurdelisée d'azur.*

M

La Jarrie . . . . . Gabriel MINGARNAUT, s' des Homeaux; idem aux Sables.

Hercule, s' de Curzon.

        Porte Mingarnaut : *de gueule au gâteau d'argent posé en cœur, à 3 croissants du second, 2 en chef, 1 en pointe.*

P

La Rochelle .... Hélie PROUST, médecin; issu de l'Echevinage de la Rochelle, ancien.

R

Courdault ..... Alexandre ROUSLIN, sr de Mortmartin.

Maintenu noble par arrest des Commissaires.

Mauzé .... Isaac REGNAULT, sr du Palluau. — Idem à l'Election de Niort. — V. R. Regnaud, sr de Massignac.

Porte Regnaud : *d'azur à 3 pommes de pin d'or.*

S

La Jarne ...... Sr-THOMAS, sr du Treuil-Chartier, annobli par lettres pour des services considérables rendus dans la marine.

Porte : .....

ONOMATOGRAPHIE CHRONOLOGIQUE

DES

MAISONS NOBLES DU POITOU

OU BIEN

CARTE ONOMATOGRAPHIQUE

DES NOBLES DU POITOU.

————

Ce sont les noms souvent défigurés des maires et échevins de Poitiers.

ACTON.

Porte : *d'argent à 6 fleurs de lys d'azur posées 3, 2 et 1, au franc canton de gueule à un croissant d'or.*

Il estoit seigneur de Chatillon et de Bernay, d'où les seign⁹ de Marsay, près Thouars.

ALLEMAN.

Porte : *d'argent à un chevron d'azur accompagné de 3 olives tigées et versées de sinople.*

ARAMBERT,

S⁹ des Ourses, d'où les barons des Ourses, les s⁹⁹ de la Roche-Souret et de Mons. — Porte : *d'argent à un sautoir de gueule cantonné de 4 croissants d'azur, au chef d'azur.*

ARDON.

Porte : d'azur à un chevron d'argent accompagné de 4 soleils d'or.

ARNOUL,

Sr du Puy. — Porte : d'azur au chevron d'or accompagné de 3 coquilles d'argent, au chef cousu de gueule chargé d'un croissant d'argent accosté de 3 étoiles d'or.

AUBERT,

S^r d'Avançon. — Porte : de gueule à la chemise de maille d'argent.

AUDEBERT,

Sr de la Rouille. — Porte : d'azur à 3 croix alaisées et pattées d'argent.

AUDOUET.

Porte : de gueule à une tour d'argent sur un tertre de sinople.

AUDOUIN.

Porte : d'azur à un aigle essorant d'argent croisé sur une frette de 2 traits de même.

AUGRON,

Sr de Gâtebourse et de la Gastinière. — Porte : d'argent à un chevron d'azur accompagné de 3 mouchetures d'hermine.

BACHELIER.

Porte : de sable à un casque de profil, et grillé d'argent.

BAILLET.

Porte : de gueule à un baquet à 3 pieds d'argent, au chef d'or chargé d'un casque de profil et grillé de sable.

BAILLIF.

Porte : *de sinople à une justice ou fille assise et habillée d'argent, la face et les bras jusqu'aux coudes de carnation, tenant en sa main droite une balance ayant les bassins d'or, et de la senestre une épée nue la pointe en haut d'argent, la poignée et la garde de gueule.*

BARBARIN,

Sʳ du Bois et de la Rivière. — Porte : *d'azur à 3 barbaux posés en fasce et celui du milieu cantonné d'argent escaillés, barbés, lorrez et peautres de sable.*

BARBE.

D'où les sʳˢ Delaage, à Scorbé, près de Lathus. — Porte : *de sable à un chevron d'or accompagné de 3 barbes de même, au chef cousu d'azur chargé de 3 besans d'or.* — Les descendants de cette maison ont retranché les barbes de leurs armes.

BARBITON.

Porte : *d'or à 3 barbes de sable.*

BARON,

Sʳ dud. lieu et de Vaujalais, maison ancienne originaire de l'ancienne Picardie, à présent l'Isle de France. — Election de Senlis.

Porte : *d'azur à un lion d'or lampassé de gueule yssant d'un chevron d'argent accompagné en pointe d'une étoile d'or.* — Preuves de l'an 1312.

BARRAUD.

Porte : *d'azur à un chevron d'or, au chef d'argent chargé d'un ciboire de gueule accosté de 2 étoiles de même.*

BARRÉ.

Porte : *d'azur à un chevron d'or accompagné en chef de 2 croissants d'argent et d'un cygne de même en pointe.*

BASTARD.

Porte : *d'azur à 9 glands versés d'or.* — C'est sur de faux mémoires que Bouchet lui donne 3 têtes de léopard. Ces 3 glands sont dans la voute de la chapelle qu'un Jean Bastard fit bâtir au commencement du XVI° siècle dans l'église paroissiale de St-Paul, à Poitiers, dont jouissent à présent les sr Pidoux.

BAUCHEREAU.

Porte : *d'azur à une fasce d'argent chargée de 3 merlettes de sable accompagnée en chef de 2 étoiles d'or, et en pointe d'un croissant d'argent.*

BEAUSSÉ.

Porte : *de gueule à un bourdon en pal d'or, enlacé de haut en bas de 2 cordons d'argent terminés en pointe de 2 houppes d'or, et sommés de 2 coquilles de même.*

BELHERE.

Porte : *d'azur à 12 étoiles d'argent posées 4, 4, 3 et 1.*

BELLEVILLE.

Porte : *d'argent à 2 roues de Sto Catherine à pointes de couteaux ou rasoirs l'une dans l'autre, à l'escarboucle de 8 rais de gueule florencée brochant sur le tout.*

BELLUCHAU.

Porte : *d'azur à une rose d'argent boutonnée de gueule, au chef d'argent à une tulipe fermée de gueule, tigée de sinople.*

BERGEAU.

Porte : *de sinople à un berger vêtu d'or, la face et les mains de carnation, tenant en la main dextre une houlette d'argent, aux moutons paissants de même sur un tertre de sinople.*

BERLAND.

Porte : *d'azur semé d'étoiles d'or à 2 merlans adossés d'argent.*

BERNARD ou BUARD.

Porte : d'argent au chevron d'azur accompagné de 3 coquilles de gueule.

BERNEGOUE,

Sr de la Breuille. — Porte : de gueule à un pal d'argent retrait en pointe, chargé d'une couleuvre tortillée.

BERTHE.

Porte : d'argent à un chevron d'azur accompagné en chef de 2 cœurs de gueule avec leurs bases ou têtes de sable, et en pointe d'un taureau passant de sable.

BERTHÉ,

Sr de la Chevrie. — Porte : d'argent à 3 merlettes de sable.

BERTHELOT,

Sr de Fontclairet. — Porte : d'or à 3 aiglettes esployées d'azur membrées de gueule.

BIGOT,

Sr de Clazay, d'où les MM. de Brion, près Thouars. — Porte : eschiqueté d'argent et de gueule.

BLACWOOD,

Originaire d'Ecosse. — Porte : ecartelé au 1 et 4 d'azur à une fasce endevisée d'or, surmontée d'un losange à dextre et d'une étoile en senestre de même ; au 2 et 3 de gueule à 1 tête et col de cerf de profil sommé de neuf cors d'or.

BLANDIN.

Porte : d'or au cerf elancé et ailé de sable chevillé de 10 cors de même.

BLAYE.

Porte : d'argent à un chateau à 3 tours girouettées, pignonnées, crenelées et ajourées de sable, une sentinelle d'or sur la porte.

BODIN.

Porte : d'argent à un chêne arraché de sinople sur un tertre d'azur chargé de 3 cannettes d'argent.

BOYER,

S⁰ du Pin, de la Fuinandière et de Verjoux. — Porte : d'argent coupé d'azur à un lion de gueule armé, lampassé et villené de sable brochant sur le tout.

BOINS.

Porte : d'argent à un lion de gueule armé, lampassé de sable, au chef d'azur.

BOYLÈSVE.

Porte : d'argent au chevron de gueule accompagné de 3 merlettes de sable.

BOISSON,

S⁰ de la Boule. — Porte : d'azur à un chevron d'or chargé de 5 aiglons éployés de sable accompagné de 3 colombes d'argent pattées de gueule.

BONNAULT.

Porte : d'azur à la fasce d'argent chargée de 3 roses de gueule boutonnées d'or, accompagnée de 3 étoiles d'argent.

BOUCHET.

Porte : d'argent à un chevron d'azur accompagné de 3 roses de gueule.

BOUMAIN.

Porte : de sable à une croix ancrée et alaizée d'argent.

BOURDIN.

Porte : de gueule à 3 rencontres de daims d'argent.

BOURGEOIS.

Porte : d'argent à 9 hures de sanglier arrachées de sable.

BRICHETEAU.

Porte : d'or à une tour bastée, crenelée et ajourée de sable.

BRISSON.

Porte : d'azur à 3 mascles d'argent.

BROCHARD,

Sr des Fontaines. — Porte : d'or au chevron d'azur accompagné de 3 fraisiers de gueule tigés de sinople.

BROCHARD,

Sr de la Cliotte, maistre d'hotel chez le Roy en 1617. — Porte : d'argent à une aigle éployée de sable, membrée, becquée d'or, chargée sur l'estomac d'un écusson d'or à 3 fraisiers de gueule tigés de sinople.

BRUNEAU.

Porte : d'azur à une fasce ondée d'argent accompagnée de 3 étoiles d'or.

BUIGNON,

Sr de la Touche. — Porte : d'azur à 3 pommes d'or.

CAILLET,

Sr de Clavières. — Porte : d'azur au lion d'argent lampassé de gueule accompagné de 3 cailles d'argent, 2 en chef, 1 en pointe.

CAQUERAU.

Porte : d'azur à 3 os cassés d'argent rangés en fasce, 2 en chef et 1 en pointe, liés chacun de 2 cordons de sable.

CARLHOUET.

Porte : d'or à une fasce de gueule chargée d'un levrier courant d'argent colleté de sable, accompagné de 3 roses doubles de gueule.

CARRÉ,

Sr de la Pinotière. — Porte : d'azur à 3 étoiles d'or rangées en chef et une rose en pointe du même.

CHAILLÉ,

Sr de Beruges. — Porte : d'azur à un chevron d'or accompagné de 3 cailloux de même.

CHAMBON.

Porte : d'azur à une tour d'argent maçonnée de sable.

CHAPOT,

Sr de la Brossardière. — Porte : de sable à 3 chevrons d'argent sommés d'une étoile d'or et d'un croissant cantonné d'argent et soutenu d'une moucheture de contr'hermine.

CHARLET,

Sr du Château. — Porte : d'argent à l'aigle esployée de sable becquée et membrée de gueule.

CHASTON.

Porte : d'argent à 3 petits chats de sable.

CHAUSSEBLANCHE,

Seigneur de Fressines. — Porte : de gueule à 1 chevron d'argent accompagné de 3 roses du même.

CHESSÉ.

Porte : d'argent à un chevron de gueule accompagné de 3 canettes de sable.

CHEVALLEAU,

Sr du Rivaut, près Mirebeau. — Porte : d'argent à un poulain effaré d'or sur un tertre de sinople.

CHEVALIER.

Porte : de gueule à 2 espées passées en sautoir d'argent, les gardes et poignées d'or, les pointes en bas, à un heaume en profil en pointe d'argent.

CHEVREDANTS.

Porte : d'azur à 2 fasces d'or.

CITOIS.

Porte : d'argent à 1 chevron de gueule accompagné de 3 pommes de pin de même tigées de sinople.

CLABAT,

Sr de la Maison-Neuve. — Porte : d'argent à 1 foine levée de sable armée d'argent embrassant de sa patte senestre une bande d'or chargée en cœur d'un écusson d'azur au croissant d'argent.

CLABAT,

Sr du Puytorra. — Porte : d'argent à 1 loup rampant de sable armé d'or à une fasce de gueules et endevisée chargée d'un croissant d'argent brochant sur le tout.

CLABAT,

Sr de la Voute. — Porte : de gueule à un cormoran ou pluvier crété d'argent membré d'or, à la bordure d'or chargée de 10 tourteaux de sable.

CLAVEURIER.

Porte : d'azur à 4 clefs liées en croix d'un clavier d'or

COINDE.

Porte : de sinople à 2 coings d'or.

CONSTANT,

Srs de Mavant, de Boispineau et des Choveaux. — Portent tous : d'argent à un palmier sur un tertre de sinople.

COULARD.

Sr du Souoy. — Porte : d'argent à un cœur de gueule, au chef d'azur chargé d'un croissant d'argent acosté de 9 estoiles d'or.

COURTINIER,

S^r de La Lande, d'Ayroux. — Porte : escartelé : au 1 et 4 d'argent au lambel haussé de gueules, au 9 et 9 d'argent à un lion de gueule armé, lampassé de sable.

DANIEL.

Porte : d'argent à 9 chenets rangés sur un tertre de sinople.

DAUSSEUR.

Porte : d'azur au pélican d'or couronné de gueule.

D'AYRON.

Porte : d'argent au chevron de gueules sommé de 9 roses de même boutonnées d'or, soutenu d'un tourteau de sable chargé d'un soleil d'or.

DE BEAUPUIS.

Porte : d'azur à un puy d'argent massonné de sable.

DE BELLEVILLE.

Porte : d'azur à un chevron d'or chargé de 5 aiglons de sable, accompagné de trois lozanges d'argent.

DE BELLEVILLE,

Dont un chambellan du roy Charles V. — Porte : gironné de gueules et de vair.

DE BERRY.

Porte : un escusson d'hermines.

DE BETHAUX.

Porte : de sable à 6 fusées d'argent posées 3, 2 et 1.

DE BONNEY.

Porte : d'argent à 3 pommes de pin versées de gueules.

DE BRILHAC,

Sr de Nouslère, de Boisvert, de la Riche et du Parc.
Porte : d'azur à un chevron d'argent chargé de 3 roses de gueule boutonnées d'or, et accompagné de 3 estoiles d'or.

DE CHASEAU.

Porte :

DE CONZAY.

Porte : d'azur à un renard passant d'or.

DE FAYE.

Porte : d'argent à 3 cœurs de gueule.

DE GENNES,

Sr de Fontenelle, de Fief-Clairot. — Porte : d'azur à un chevron d'argent, accompagné en chef d'une étoile d'argent entre deux roses d'or boutonnées de gueule, et en pointe d'une coquille oreillée d'or.

DE JANOILLAC, Alias TOURBAUST,

Sr de Vitré et Chastillon. — Porte : d'azur à une fasce d'or accompagnée de six estoiles de même 3 en chef et 3 en pointe.

DE LA CHARITÉ.

Porte : d'or à un cœur animé de 5 flammes de gueule.

DE LA COUSSAIE.

Porte : de gueule à un lion d'or armé lampassé et vilené de sable, au chef d'argent chargé de 3 estoiles rangées d'azur.

14

DE LA DUGUIE.

Porte: d'argent à 3 chevrons de gueule au chef de sinople chargé de 3 estoiles rangées d'or.

DE LA FAYOLE.

Porte : de sable à 3 callebasses d'argent.

DE LA FONTAINE,

S' de l'Espinay. — Porte : d'azur à 3 cignes d'argent becques, ongles de sable.

DE LA LANDE,

S' du Breuil de Vernon. — Porte : d'argent à un chesne sur un tertre de sinople, au chef d'azur chargé d'un croissant d'argent.

DE LA VASLINE.

Porte : d'azur à 1 chevron d'argent accompagné de feuilles de chesne d'or, chargé de 3 merlettes de sable.

DE LA VAU.

Porte : d'azur à une fleur de lys d'or, sommé de 3 moucheture de contre-hermines rangées au chef d'or.

DE LAUZON.

Porte : d'azur à 3 billes ou serpents mordant leurs queues d'argent bigarrez de sable, à la bordure de gueules chargée de de 6 besans d'or.

D'ELBÈNE,

S' de L'Espinou De La Vau. — Porte : d'azur à 3 fleurs de lys à tige arrachées et passées en sautoir d'argent.

DE LÉON.

Porte : d'or au lion léopardé de sable armé et lampassé de gueules.

DE L'HERBERIE.

Porte : d'argent à un tertre esmaillé de fleurs de sinople, au chef d'azur chargé de 3 croissants d'argent.

DE LIMEUR.

Porte : de gueules à une coquille de St-Jacques d'argent, au chef cousu d'azur chargé de 3 besans d'or.

DE LONDRES.

Porte : d'or à 2 léopards de sable, armes lampasses de gueules.

DE MONTION.

Porte : d'or à 2 lions de gueules rampants sur une montagne jonchée de sinople.

DE MORENNES.

Porte : d'argent à 3 testes de maure de sable tortillées d'or.

DE NEUFVILLE.

Porte : de gueules à une ville d'argent massonnée de sable.

DE PARTHENAY, Alias PAPE.

Porte : d'argent à 2 chevrons de gueule soutenus d'un croissant d'azur.

DE PONS.

Porte : d'azur à un pont de 3 arches d'argent.

DE RASES,

Sr de Ché, de La Foujassière, des Anses. — Porte : d'azur à 3 pals d'or, au chef d'argent chargé de 3 fougeres masles de sinople.

DE REIMS.

Porte : d'argent à 12 fleurs de lys d'azur posées 4, 4, 3 et 1.

DE ROGEMONT.

Porte : d'argent à une montagne de gueule flambante d'or.

DE Ste-MARTHE.

Porte : d'argent à 9 fusées et 9 demies accotées, accolées en face de sable, au chef de même.

DES CHAMPS.

Porte : d'argent à une chèvre passante de sable.

DES MOULINS,

Sr de Rochefort, près Mirebeau, originaire de Blois.
Porte : d'argent à 9 croix ancrées de sable ouvertes en fer de moulin.

· DES NOUHES,

Sr du Paly, de Beaumont, de La Normandière.
Porte : de gueule à une fleur de lys d'or. — Les sr de La Normandière brisent comme cadets d'un lambel d'argent.

BEQUIER.

Porte : d'argent à 2 fasces de gueule accompagnées de 9 molettes d'azur.

DE CHAUNAY.

Porte : de sable au huchet versé d'argent lié d'un cordon de gueule aux annelets de sinople.

DE VAUCONCOURT.

Porte : de gueule à un soleil d'or.

DE VAUX.

Porte : de sable à une montagne d'or.

DIVÉ,

Sr de La Maison-Neuve. — Porte : d'azur à un chevron rompu d'or chargé de 2 grives de gueule.

DOUINEAU.

Porte : de gueule à 9 bezans d'argent.

DOUSSEAU.

Porte : de gueule à 3 croissants d'argent.

DREUX.

Porte : de gueule à un chevron d'or sommé de 2 roses d'argent et soutenu d'un soleil d'or.

DU BOIS.

Porte : d'argent au lion de gueule accompagné de 3 noix de chesne de sinople.

DE L'ETANG DE BREUIL D'ANDESIGNY.

Porte : d'argent à 7 fusées de gueule, 4 et 3.

DU CHILLEAU.

Porte : de sinople à 3 moutons passants d'argent accornes et mouchetez de sable.

DU PIERRAT.

Porte : d'azur à un chasteau à 3 tours pignoné, girouetté, crénelé d'or, coulissé de sable.

DU PONT.

Porte : d'azur à un pont de 3 arches d'argent massonné de sable.

DU PONT,

Sr de Jarsay. — Porte : d'azur à 3 tours crenelées, ajourées, castillées d'argent, massonnées de sable.

DU PRÉ.

Porte : d'azur à un lion éviré d'or lampassé de gueule armé de sable.

DURAND,

Sr de Courcelles. — Porte : de gueule à un soleil rayonnant d'or accompagné de 3 étoiles de 6 rais de même.

DU RUAU.

Porte : de gueule à une licorne d'argent passant sur un tertre de sinople, au chef cousu d'azur chargé de 3 étoiles d'or.

DUVAL.

Porte : d'azur à 3 testes et cols de levriers d'argent.

DUVAL.

Porte : d'azur à un chevron d'or accompagné de 3 fleurs de lys d'argent.

ESTIVALLE,

S^r de La Guoffrie. — Porte : de gueule à un sautoir d'argent cantonné de 4 tréfles de même.

FALOUX,

Sr de Villejasme. — Porte : d'azur à un chevron d'argent accompagné en chef de 3 étoiles d'or et en pointe d'une rose d'argent.

FAVREAU.

Porte : d'azur à un chevron d'or accompagné de 3 coquilles d'argent.

FLORY.

Porte : d'argent à 1 rose espanouie avec son bouton de gueule tigée de sinople.

FORT.

Porte : d'azur à un fort d'argent crénelé et ouvert de sable.

FOUCHER.

Porte : d'argent à une montagne de sinople sommée de 3 foudres empoignés de gueule.

FOUQUET,

Sr de La Barre et de La Fourchelinière. — Porte : d'azur à une estoile d'or accompagnée de 3 flammes de même.

FOURNIER.

Porte : d'azur à un lion ailé et lampassé d'or.

FROMENTIN.

Porte : d'azur à 3 épis de froment d'or au chef cousu de gueule chargé de 3 besans d'argent.

FULCHER.

Porte : .....

FUMÉ,

Sr de Jaulnais et de La Pierrière. — Porte : d'argent à 6 fusées de sable posées 3, 2, 1.

GABOIRAN.

Porte : de gueule à un chevron d'or accompagné de 3 croissants d'argent.

GABORIAU, ? Gabriaut

Sr de Riparfond. — Porte : d'azur à un cerf eslancé d'or.

GALLET.

Porte : de sable à un chevron d'or accompagné de 3 besants d'argent.

GARINEAU.

Porte : d'argent à une isle de sinople plantée, à 2 canards d'or nageant sur une rivière d'azur.

GARNIER.

D'où les sieurs de Butré. — Porte : gironné d'or et de gueule de 12 pièces.

GARNIER.

Porte : *de gueule à 5 fusées rangées en fasce d'argent, les 3 du milieu chargées d'une coquille de sable.*

GARNIER,

Sr de La Mortière. — Porte : *d'argent à 3 roses de gueule.*

GARNIER.

Porte : *d'argent à un chevron d'azur accompagné de 3 roses de gueule.*

GARREAU.

Porte : *de sinople à une rivière en fasce d'argent où nage une loutre de sable poursuivant un cygne de sinople, au chef d'or.*

GASOT,

Sr de La Brandanière, de Villate, Chantonay.
Porte : *d'azur à 1 chevron d'or accompagné de trois tierces feuilles de même.*

GAUTIER.

Porte : *d'or à une fasce de gueule accompagnée de deux merlettes en chef, et d'une estoile en pointe de même.*

GAZEAU.

Porte : *d'argent à un chevron de gueule accompagné de 3 tierces feuilles de sinople.*

GERVAIN,

Srs de Verneuil, du Treuil, de Boisroute et de la Vouste.
Porte : *d'azur à un chevron d'or surmonté de 2 roses d'argent, et soutenu d'une estoile d'or de 6 rais, au chef d'argent chargé d'un papegay de sinople membré becqué de gueule.*

GILLIER,

Sr de Puigareau, de la Ville-Dieu, de Clérembaut.
Porte : d'or à un chevron d'azur accompagné de 3 macles de gueules.

GIRAUT.

Porte : de sable à un croissant d'argent, au chef gironné d'or et d'azur de huit pièces.

GOGUET,

S^r de La Rochegraton. — Porte : d'azur à un croissant d'argent accompagné de 3 coquilles d'or.

GOILARD,

Dit d'Amboise. — Porte : d'azur à 3 testes et cols de lions d'or arrachés et lampassés de gueules.

GRACIEN.

Porte : de gueules à 3 cœurs d'argent.

GORET,

Sr de Merichon. — Porte : d'argent à 3 testes de gorrets arrachées de sable.

GRASSIN.

Porte : d'argent au chevron de gueules accompagné de 3 cochets de sable bequez, cretes, barbez, membrez de gueules.

GREIN.

Porte : d'argent à 10 tourteaux de sable, 4, 3, 2, 1.

GRIPON.

Porte : de gueules à un griphon d'argent bequé membré de sable, accompagné en pointe d'une estoile d'or.

15

GROLEAU.

Porte : d'argent à 3 grolles rangées en fasce de sable, à un tertre de sinople en pointe.

GRUGET.

Porte : de gueules à la fasce d'argent chargée d'un vol de sable, accompagnée en chef d'un soleil d'or et d'une rose d'argent en pointe.

GUAGNOLEAU.

Porte : de gueules à une rivière en fasce d'argent chargée de 3 cignes de sinople.

GUARIN.

Porte : d'azur à 3 estoiles de 6 rais d'argent.

GUERIN,

S⁰ de Chaulmes. — Porte : d'azur à 1 feuille de scie périe en bande d'argent, accompagnée de 3 estoiles d'or de 6 rais.

GUICHARD,

S⁰ de Bernegou, de Pairé et d'Orfeuille. — Porte : d'argent à 3 testes de tigre arrachées de sable lampassées de gueules.

GUILLIN.

Porte : escartelé au 1 et 4 d'azur à un coq d'argent membré et crété de gueules ; au 2 d'or à 3 lozanges de sable ; au 3 coupé d'or et de gueules, au lion de l'un en l'autre armé lampassé de sable.

GUILLON,

S⁰ de La Rivière, et les s⁰ Guillon, de la paroisse d'A-mailloux.

Porte : d'argent à un faisan de sable accompagné d'un croissant d'azur en pointe, au chef cousu d'or chargé de 3 roses de gueules.

GUION,

Sr du Vatre. — Porte : d'argent au cerf eslancé de sable dans un bois de sinople, au chef d'azur chargé de 3 étoiles d'or.

GUIVREAU,

S^r des Marchais. — Porte : de sable au chevron d'or accompagné de 3 testes de dragons arrachées de même lampassées de gueules.

HERBERT,

S^r de La Couture, de L'Isle, de Bellefons et du Plessis-d'Anché.

Porte : de gueules à 3 besans d'argent, au chef d'argent chargé de 3 hures de sangliers, arrachées de sable, desfendus et allumez d'argent.

JACQUES,

Sr de Chesle, d'Andilly. — Porte : d'azur à 3 coquilles de St-Jacques d'or.

JAMIN.

Porte : d'argent à 3 lappins blottis de sable.

JARNO,

Sr du Pont. — Porte : d'azur à 3 testes de jars d'argent.

JEUILLY.

Porte : de sinople à 10 épis de froment d'or.

JOUSLARD,

S^r des Ombres. — Porte : d'azur à 3 coquilles d'or en chef et un croissant d'argent en pointe.

JOUSSEAUME.

Porte : de gueules à 3 croix alesées, patées et escartelées d'argent.

IRLAND,

Sr de Beaumont, originaire d'Ecosse. — Porte : d'argent à 2 fasces de gueules, accompagné en chef de 3 estoiles d'azur.

JUGE,

S^r de La Carrellière. — Porte : d'azur au chevron d'or accompagné en chef d'une belette d'or, et d'un croissant d'argent, et en pointe d'une coquille d'argent ; à la bordure d'argent chargée de 10 tourteaux de sable.

LAIGNEAU.

Porte : de sable à un agneau passant d'argent.

LAIGUILLIER,

Sr de Pernay. — Porte : d'or à 2 aigles esployées et affrontées de sable.

LAMI.

Porte : d'argent à la foy de gueules.

LAMBERT,

S^r de La Grange. — Porte : d'or à un cœur de gueules.

LANGLOIS.

Porte : de gueules à 3 cignes d'argent becquez membrez de sable.

LARCHIER.

Porte : d'azur à 3 arcs d'or bandez d'argent.

LARQUO.

Porte : d'azur à un arc bandé avec son dard encoché d'or.

LAURENT,

Sr de Belleville. — Porte : d'azur à 3 feuilles de chesne rangées en pal d'or.

LAUSIER.

Porte : d'azur à 3 arbalètes la corde en haut, et posées en fasces d'or.

LAYDET.

Porte ; de gueules à 3 chevrons d'argent.

LE BASCLE.

Porte : de sable à 3 belettes d'or.

LE BERGER.

Porte : d'argent à un berger d'or saboté de sable et debout dans une bruyère de sinople sous un hestre de même, tenant en sa main droite un rameau de gueules, et appuyé de l'aisselle senestre sur une houlette de même regardant en la partie dextre de l'escu un soleil levant d'or dans un nuage d'azur. Le berger est accompagné de 2 matins accolés l'un d'argent et l'autre de sable.

LE DITTIER.

Porte : de gueules au sautoir d'or cantonné de 4 croissants d'argent.

LE BLANC,

Sr de La Bazinière, de Mortiers. — Porte : d'azur à un cigne d'argent, becqué, membré de sable.

LE BRETHON.

Porte : d'azur à un rocher escarpé d'or accompagné en chef de deux estoiles de même, et en pointe d'un levrier d'argent sur un tertre de sable.

LE GAUT.

Porte : d'azur à 3 hameçons d'or accompagnés d'une étoile en chef et d'un croissant en pointe de même.

LEGIER.

Sʳ de Fougère, de Puiravaut. — Porte : d'argent à 3 roses de gueules boutonnées d'or, tigées de sinople.

LE JUNIER,

Sʳ de La Grossetière. — Porte : d'argent à un huchet lié de de gueules, virolé, enguiché de sable.

LE LIEVRE,

Sʳ de Vervollet. — Porte : d'azur à 3 tierces feuilles d'argent.

LE MAYE,

Sʳ de Moisoau. — Porte : d'azur à 3 feuilles de chesne avec leurs glands d'or.

LE ROY,

Porte : d'azur à une fasce d'argent accompagnée de 3 étoiles d'or.

LE ROY,

Sʳ de La Boissière. — Porte : de sable à un lion d'argent couronné, lampassé, armé et vilené de gueules, au chef d'argent chargé de 3 roses de gueules cantonnées d'or.

LESNÉ.

Porte : d'azur à une fasce d'or chargée de 3 croix alaizées de sable, et accompagnée de 3 cloches bataillées vers le chef d'argent.

LE TILLIER.

Porte : escartelé au 1 et 4 d'azur à un lion d'or, armé lampassé de sable, au 2 et 3 d'argent à une croix engreslée de sable cantonnée de 4 merlettes de même.

LE VACHER,

Sʳ de Remefoy. — Porte : .....

LONOIS.

Porte : de sable à un chevalier armé de toutes pièces sur un cheval d'argent emmuselé de sable tenant en la main senextre une enseigne ployée d'argent.

LORIOU.

Porte : de gueules à une fasce d'argent chargée d'un loriot plié de sinople.

LUCAS,

Sr de Verines de Montigny. — Porte : d'argent à un chevron d'azur accompagné en chef de 9 roses de gueules cantonnées d'or et en pointe d'un taureau passant de gueules.

MACÉ,

Sr des Prez, de Coupelle, Prothé, Leigne-les-Bois. — Porte : d'azur à 9 massues empoignées d'or escottées ou flambantes de gueules.

MACHON.

Porte : d'argent à 9 moutons passants de sable.

MAIGNON,

Sr D'Aillé. — Porte : de sable au phénix sur son immortalité d'or, au chef d'argent chargé de 9 roses de gueules.

MAISONNIER.

Porte : de sable à une maison d'argent massonnée de sable, couverte d'azur, sommée de 9 girouettes de sable.

MALLEDAME.

Porte : d'argent à un eschiquier d'argent et de sable de quatre traits.

MAQUENON,

Sr des Forges. — Porte : d'argent à un chevron de gueules, accompagné de 9 fleurons de sinople.

MARTIN,

Sr du Courtiou, de Nirbretin. — Porte : de sable à un chandelier à 8 branches et 8 bassins, les 9 derniers de pointes renversées au pied coupé et bourdonné d'or.

MASSARD.

Porte : d'azur à 2 massues passées en sautoir d'or allumées de flammes de gueules.

MASURIER.

Porte : de sable à une masure mouvant de la partie dextre de l'escu d'argent massonnée de sable.

MAURAT.

Porte : d'argent à 3 rats de sable.

MAUVOISIN.

Porte : d'argent à 3 empoignées de foudres les pointes en bas liées tortillées de gueules.

MAYARD,

Sr du Poiron, de La Vau. — Porte : d'argent à un may de sinople accompagné de 3 croissants d'azur.

MECHÉ.

Porte : d'or à 3 licornes emmuselées de sable.

MESNAGER,

Sr de Monts, de la Grande-Maison et de La Ville-Dieu.
Porte : d'azur à un chevron d'or accompagné de 3 vanneaux d'argent.

MICHELET.

Porte : de gueules à 12 coquilles de St-Michel d'argent oreillées de sable posées 4, 4, 4.

MILON,

Sr du Breuil. — Porte : d'azur à une fasce abaissée et endentée d'or ; sommé d'un soleil de même, accompagné de 3 roses d'argent.

MORELON,

S^r de La Vinierre. — Porte : d'azur à un chevron d'or accompagné de 3 pommes de pin d'argent ; au chef d'or.

MARIN.

Porte : d'or à un sanglier de sable accompagné de 3 estoiles d'azur.

MORTAL.   Moréal

Porte : de sable à 3 testes de mores d'argent ajourées de l'escu.

MOURAUD,

S^r de La Vacherie. — Porte : d'azur à 3 fasces d'argent, la 1re chargée de 3 et la 3e d'une compone de gueules, au chef cousu de gueules.

MOURAUD,

Sr de Peuchevrier. — Porte : escartelé au 1 et 4 d'argent à 1 fasce de gueules à 2 palens retraits en chef de sable, au 2 et 3 d'azur à une étoile d'or.

NAU.

Porte : d'azur à 3 angelots d'argent, au chef d'or chargé en la partie dextre d'une estoile à 8 rais d'azur.

NIVELES,

Sr de Chanteguin. — Porte :

OGERON,

S^r de Mœré. — Porte : d'azur à un cor versé d'or, lié de gueules, accompagné de 3 mascles d'argent.

16

OLLIVIER,

S⟨ʳ⟩ de La Chausselière. — Porte : d'azur à 6 besans d'or, 3, 2, 1, au chef d'argent chargé d'un lion issant de sable, lampassé, armé de gueules.

ORRÉ,

S⟨ʳ⟩ de La Sicaudière. — Porte :

PALUSTRE,

S⟨ʳ⟩ de Chambonneau. — Porte : de gueules à une rivière en fasce ondée d'argent, chargée d'un cigne béqué de sable.

PALUSTRE,

Originaire de Saint-Maixent. — Porte : comme dessus, au chef d'or chargé d'une estoile d'azur.

PANNIT HAUGÉ. *Pavichauge*

Porte : d'azur à 3 besans d'or.

PASQUET,

S⟨ʳ⟩ de La Vergne. — Porte : de gueules à une coquille d'or accompagnée de 3 paquettes d'argent.

PASQUIER,

S⟨ʳ⟩ de Gizay. — Porte : de gueules à 3 paquettes d'argent, à 1 coquille oreillée d'or en abisme.

PASTUREAU,

S⟨ʳ⟩ de Rimbert. — Porte : d'azur au chevron d'argent chargé de 7 aigles esploiées de sable, accompagné de 2 gerbes d'or en chef et d'un mouton de même en pointe.

PAVIN,

S⟨ʳ⟩ de Beaumont. — Porte : d'azur à 3 estoiles d'or accompagnées en pointe d'un croissant montant d'argent.

PELISSON,

Sr de Nary. — Porte : d'argent à 3 hures de sangliers arrachées de sable.

PELLETIER.

Porte : d'argent à une peau étendue en pal de sable.

PERCECHAUSSE.

Porte : d'azur à 1 chevron d'or, accompagné de 3 roses d'argent boutonnées d'or.

PEREFIXE,

Sr de Beaumont, près Mirebeau. — Porte : d'azur à un chevron d'or, accompagné de 2 estoiles d'or en chef et d'une rose de même en pointe.

PEYRAUD.

Porte : d'azur à 3 anneaux avec leurs chatons d'or garnis de leur pierre précieuse d'argent.

PIDOUX,

Sr de Malagnet. — Porte : d'argent à 12 frettes en 9 lozanges de sable posées 3 et 1.

PIOUNEAU.

Porte : d'argent à 3 fusées et 2 et demie accostées, accollées en fasce, abbaissées de gueules, sommées de 3 lambels de sable.

POICTEVIN,

Sr de La Bidolière. — Porte : d'azur à 1 aigle esployée d'argent.

POIGNAND,

Sr de Lorgère. — Porte : d'argent à 1 lion de gueules.

PONTENIER.

Porte : de gueules à 3 ponts de 3 arcades chacun d'argent.

PORCHERON DE Ste-JANE.

Sr de La Vau et de Bouroute. — Porte : d'or à un chevron d'azur accompagné au chef de 2 hures de sanglier affrontées de sable, deffendues d'argent, et en pointe d'un porc-épic de sable.

POUPET.

Porte : d'azur à 3 forets d'or, la pointe en bas.

POUSSINEAU,

Sr de La Mothe. — Porte : d'azur à un lion éviré d'or, armé et lampassé de gueules, à 1 fasce haussée et ondevisée d'argent, surmontée d'un coq d'or, creté, barbé, becqué, membré de gueules.

POUVREAU.

Porte : de sable à un moulin d'argent sur un tertre de sinople.

PREVOST,

Sr de La Bussière, de Pressac, de Chaulmes, originaire d'Anjou. — Porte : d'argent à 3 hures de sangliers de sable, lampassées, arrachées de gueules, deffendues et allumées d'argent.

PREVOST,

Sr de La Choigne. — Porte : d'azur à 3 demi-vols d'or.

RABAULT,

Sr du Cloux. — Porte : d'azur à un chevron d'argent accompagné en chef de 2 estoiles d'or, et d'une rose de même en pointe.

RABREUIL,

Sr de La Parauderie. — Porte :

RASSETEAU.

Porte : d'argent à un chevron de sable, accompagné de 3 pr.... enlevé en croissant de gueules soutenant 3 merlettes de sable.

RAT,

Sr de La Poittevinière et de Salvart. — Porte : d'argent à 1 licorne d'or, à repos sur une terrasse de sinople plantée de palmiers de même, au chef de gueules.

REGNAULT,

Sr de Traversay. — Porte : d'argent à un chevron d'azur, accompagné de 3 estoiles de gueules, à la bordure dentelée de même.

REGNIER,

Sr de La Planche. — Porte : d'argent au lion de gueules, armé, lampassé, couronné d'or.

REPIN,

Sr de La Ronde. — Porte : d'or à la branche de laurier en pal de sinople.

RETY.

Porte : de gueules à un cigne d'argent becqué, membré de sable, sommé d'un soleil d'or. — D'où les srs de Viltré.

REVEAU,

Sr de La Courchereau. — Porte : de sable à une ancre avec sa trabe d'argent accompagnée de 2 clefs de même, au chef d'argent chargé de 3 testes de maures de sable tortillées de gueules.

REVEAU,

Sr de Cirières. — Porte : comme dessus, à l'exception des clefs.

REYS,

Sr de Jousline. — Porte : d'argent à un chevron de gueules, accompagné de 3 canets de sable.

RICHARD.

Porte : *d'argent à la fasce haussée d'azur, chargée d'une céleste d'or entre deux croissants d'argent, accompagnés en pointe de 3 roses de gueules à boutons d'or.*

RICHETEAU,

Sᴿ de L'Espinay, de La Coinderie, de La Fresnaye. — Porte : *d'argent à 1 palmier de sinople, sur un tertre ombré de sable, au chef d'azur chargé de 3 estoiles d'or.*

RIDEAU,

Sʳ de Ponts. — Porte : *d'azur à un chevron d'or accompagné de 3 besans de même.*

RIVAUT.

Porte : *de gueules à 3 besans d'argent.*

ROATIN,

Sᴿ de Boisnerbert, de la Cicogne, du Temple. — Porte : *d'azur à un chevron d'or accompagné de 3 matrats (1) d'argent.*

ROBION,

Sʳ de La Nerbonnière. — Porte : *d'azur à 3 croissants entrelacés d'argent.*

ROGIER,

Sʳ de La Tourgirard, de Marigny, de Nouzillet. — Porte : *d'argent au lion passant de sable, la queue nouée, armé, lampassé de gueules, surmonté d'un chabot posé en pal entre deux roses de gueules, et soutenu d'une rose de même.*

ROIGNÉ,

Sʳ de Boisvert. — Porte : *d'argent au chesne tronçonné à chef de sable en pal, à deux branches de sinople en chef.*

(1) Le *matrat* est un dard ancien.

ROUGIER,

Sr de Moulinet. — Porte : d'argent à un chevron d'azur, accompagné de 3 roses de gueules.

ROUILLÉ.

Porte : de sable à 3 chèvres d'argent.

ROUSSEAU,

Sr de Traversonne. — Porte : d'argent à 3 roses de gueules tigées de sinople sur un tertre de même.

ROUSSEAU.

Porte : d'azur à 3 roseaux empoignés d'argent.

ROUSSEAU,

Sr de La Pavissière. — Porte : d'azur à 2 roseaux passés en sautoir d'or.

ROUX.

Porte : de gueules à 2 masses consulaires passées en sautoir d'argent.

ROYRAND.

Porte : d'azur à un rencontre de taureau d'or, sommé de 3 célestes de même.

SERISIER,

Sr de Lespine. — Porte : d'argent à un cerisier de sinople fruité de gueule, sur un tertre de sinople.

SIMON.

Porte : de sable à 3 foines contournées d'argent.

SOCHET,

Sr de La Charoulière. — Porte : d'argent à 3 merlettes de sable.

TAVEAU,

Baron de Mortemer, s^r de La Tour-au-Coujon et St-Martin-la-Rivière. — Porte : *d'or au chef de gueules chargé de 3 paux de voir.*

TEINTEAU.

Porte : *de gueules à un bourdon en pal d'or à 5 coquilles posées en sautoir de même.*

TEXIER,

Sr de Seneuil. — Porte :

THIBAUT.

Porte : *de sable à 3 macles d'argent.*

THOMAS,

S^r de La Caillerie et de Serlaces. — Porte : *d'azur à une aigle esployée d'or, becquée, membrée de gueules, à la bordure d'hermines.*

THOREAU,

S^r de La Grimaudière, de St Chartres. — Porte : *d'azur à un taureau passant, la teste contournée d'or regardant deux estoiles du même en chef.*

THORU.

Porte : *d'azur à un taureau furieux d'argent.*

THUBERT.

Porte : *de sinople à un chevron d'or accompagné de trois tierces feuilles d'argent.*

TONGRELON.

Porte : *d'argent à un léopard de sable.*

THANCHET, (Tranchet

S^r de La Rejasse. — Porte : *d'argent à 3 merlettes de sable.*

TUDERT,

Sr de La Baurnalière. — Porte : *escartelé au cocq d'or à 9 losanges d'azur, au chef de même, au 3 et 3 d'argent, au chef esquisé de gueules.*

VARIN.

Porte :

VERNOU,

Sr de La Rivière de Bonnouil. — Porte : *d'or au chevron de gueules, accompagné de 3 croissants d'azur.*

VERONNEAU.

Porte : *d'argent à une rivière d'azur chargée de dix bars contournés d'argent.*

VIDARD,

Sr de St-Généroux, de St-Clair. — Porte : *de gueules à six dards d'argent empennés de sable, trois empoignés en chef et 3 rangés en pointe.*

VIGNAUT.

Porte : *d'argent à 1 vigne de sinople, chargée de 7 grappes de raisins d'or.*

VINEAU. Umem

Porte : *d'azur à 3 flammes d'or.*

VOUZY.

Porte : *d'argent à un chevron d'azur accompagné de 3 testes de maures de sable tortillées d'or.*

JOUBERT,

Sr de Cissé. — Porte : *d'azur à une tour d'or aux pièces mal ordonnées, 1 et 2.*

RACAUDET,

Sr de St-Martin. — Porte :

17

DE GOURGEAULT,

Sr de Monprié, de Dampierre, etc. — Porte : *de gueules à un croissant montant d'argent.*

MARANS ou PRESSIGNY,

Dont le chevalier St-Mars, à Poictiers. — Porte : *fascé, contrefascé d'argent et d'azur, au chef palé contrepalé de même flanqué d'azur à 2 girons d'argent, et sur le tout un escusson de gueules.*

ROBERS,

Sr de Lezardières. — Porte : *d'argent à trois quintaines de gueules.*

St-GEORGET,

Sr de Verac et de Couhé. — Porte :

CHATENIER,

Comte de St-Georges. — Porte :

LA VILLE DE POICTIERS.

Porte : *d'argent au lion de gueules, armé, couronné, lampassé d'or, à la bordure de sable chargée de 12 besans d'argent au chef de France moderne.*

LE POICTOU.

Porte : *5 tours d'or crénelées.*

VEZIEN,

S^r de La Forêt et de Champagne. — Porte :

GIRARD,

Seigneur de Bazoches. — Porte : *de gueules à 3 pals de vair au chef d'or chargé d'une fleur de lys de sable.*

APPENDICE.

ANCIENNES FAMILLES DE NIORT

Depuis 1285 jusqu'à 1607,

D'APRÈS LES CHARTES ORIGINALES CONSERVÉES AUX ARCHIVES DE LA VILLE.

XIIIe SIÈCLE.

—

J. Chauvel, garde-scel à Niort pour le roi de France, en 1285.

Guillaume Paxlaud, clerc, garde-scel à Niort pour le roi de France, en 1296.

Jamoneau.

Nicolas Espinet.

G. Varèse.

D. Amoureux.

Jean Clarot, chevalier.

Hugues de Front, de Niort.

J. Legayt.

G. de Courtaudière.

I.

Arrentement d'une vigne par Pierre Amoureux, de Niort, à Pierre Varèse, pour 4 £ 6 ℀. de rente, laquelle est sise au Lac, près Niort.

Universis presentes litteras inspecturis Jacobus Chauvelli clericus tenens sigillum pro domino rege Franciæ in senescallià pictaviensi apud Niortum constitutum salutem in domino, noveritis quod in nostra presentia personaliter constituti Petrus Amorettos, de Niorto, et Pentecostes uxor sua, et Simon eorum filius confessi fuerunt se vendidisse et concessisse ad perpetuitatem Simoni Vareze, clerico, filio defuncti Guillelmi Vareze, pretio sexaginta quatuor solidorum et sex denariorum turonensium garitorum de quibus coram nobis se tenuerunt totaliter propagatos, renunciantes in hiis exceptioni non numeratæ pecuniæ et pretii non soluti quandam

peciam nouellam quam ipsi habebant sitam au Lac, prope
Niortum, movente a Johanne Claroti, juniore, ad quatuor solidos consus reddendos dicto Johanni et suis per medium in festo
omnium sanctorum, et in festo Assumptionis beate Marie
annuatim, que sita est juxta vineam seu novellam Hugenis de
Fronte de Niorto, ex una parte et juxta vineam seu nouellam
dicti Buignet ex altera. Confitentes et Petrus et Pentecostes
conjugi predicti et Simon eorum filius predictum dictum
clericum fecisse investiri et saziri per predictum Johannem
Claroti de pecia vinem seu nouella antedicta, et per ipsum
Johannem ipsum clericum poni fecisse in possessionem corpo-
ralem de eadem et contulisse in eumdem clericum, et suos,
quicquid juris actionis proprietatis possessionis et domanii in
dicta pecia nouella habebant et habere poterant et debebant
quoquomodo, nichil juris, proprietatis possessionis et dominii
sibi vel suis retinentes in eadem, et promiserunt et tenentur
Petrus et Pentecostes conjugi predicti et Simon eorum filius
et quilibet eorum insolidum sub obligatione omnium bonorum
suorum mobilium et immobilium presentium et futurorum, et
suorum corporum prisione, predictam peciam nouellam dicto
clerico et suis heredibus et successoribus contra quemlibet et
versus omnes perpetuo deffendere et garire quiptam propter
quam a quatuor solidis census antedictis et a decima tantum
modo cum alio dominio duplici et costuma, et omne impedimentum seu obligationem super predicta pecia nouella obve-
niens suis propriis sumptibus perpetuo amovere et dicto clerico vel suis ad suum simplex dictum sine alia probatione
reddere et plenarie resarcire omnes custus missiones expensas
et dampna que vel quas ipsi facerent aut sustinerent ob def-
.fectum garimenti sibi non facti super pecia nouelle antedicta,
seu per impedimentum non admoveretur; et tactis sanctis
Evangeliis ad sancta Dei evangelia juraverunt Petrus et Pentecostes, et Simon predicti predictam venditionem, et tenorem
presentis littere firmiter et inviolabiliter observare nec contra
perse vel per alium facere vel venire seu et aliqua attentare.
Et renuntiaverunt in omnibus et singulis premissis sub virtute

juramenti ab ipsis super prœalii exceptioni doli mali et in factum fraudis circumventionis et deceptionis ultra dimidiam justi prœtii et exceptioni non numeratœ pecuniœ et pretii non soluti et alienationi dotis osculi seu maritagii, et omni beneficio et privilegio certis indultis et indulgenis, et omni statuto edito vel edendo, et omni juris auxilio canonis et civilis et omni juri scriptis, et non scriptis dicentibus generalem renun-tiationem non valere et omnibus aliis exceptionibus seu et allegationibus per quas possent advenire contra pro-missa seu contra aliqua promissorum invanum aliquo impar-tiri seu per quas tenor presentis litterœ posset in toto vel in parte destrui infregi seu et penitus adnullari; in cujus rei testimonium nos Jacobus predictus sigillum predictum una cum sigillo Johannis Claroti predicto, presentibus litteris ad petitionem Petri et Pentecostœ predictorum et Simonis eorum filii apposuimus et eos super hiis judicavimus cujus regis juridictioni sine avocatione alterius quantum ad hoc supposue-runt se et sua : nos vero Johannes Claroti predictus sigillum nostrum presentibus litteris ad petitionem Petri et Pentecostœ et Simonis predictorum apposuimus et eos super hiis judica-vimus testibus ad hoc presentibus Guillelmo Plazent et Johanne Le gayre et Johanne Popelin clerico de Niorto et Guillelmo de Coeraudia ; datum die lunœ ante festum omnium sanctorum anno domini millesimo ducentesimo octogesimo quinto.

II.

Acquest pour Nicolas Maréchal d'une pièce de vigne aux Sablières.

. . . . Guillelmus Paziandi clericus tenens sigil-lum pro domino rege Franciœ in senescallia. . . . . salutem in domino. Noveritis quod in nostra presentia person-naliter constituti Richardus de cimiterio Judeorum prope Nior-tum et Nicolaus filius deffuncti Theobaldi de Judea fratris dicti

Richardi confessi fuerunt coram nobis se vendidisse et concessisse ad perpetuitum Nicholao Marescalli de Niorto pretio
triginta unius solidorum monete currentis ab eadem Nicholao
Marescalli sibi integre solutorum, exceptioni non numerate
pecunie et pretii non soluti renuntiantes penitus et expresse,
quamdam petiam vinee sitam ad sableriam juxta vineam
houtorit et juxta vineam dicti eregie cum omni jure poces-
sionis proprietatis et dominii quod in dicta vinea habebant et
habere poterant quoquomodo cujus modi vineam predictum
premisorunt . . . . dicti Richardus et Nicholaus
venditores pro se et suis sub obligatione omnium bonorum
suorum presentium et futurorum et juramento suo prestito
corporaliter dicto Nicholao Marescalli et suis contra quomlibet
et versus omnes deffendere et garire quiptum ad duos solidos
et quatuor denarios reddendos Guillelmo Jamen de Niorto
per medium in festo Assumptionis beate Marie et in festo
omnium sanctorum sine querendo et sibi vel suis ad suum
. . . .
reddere et solvere omnes custus missiones expensas et dampna
que ipsi facerent . . . . deffectum garimenti sibi
nondum facti · et tenore presentis littere firmiter tenere nec
. . . . vel venire ratione aliqua seu causa, in cujus
rei testimonium nos Guillelmus Paziandi sigillum predictum
presentibus litteris ad petitionem dictorum · venditores apposuimus salvo jure domini regis Francie . . . . alieno
et eos super hiis judicavimus cujus regis juridictioni sine a
nominatione alterius quantum ad hoc supposuerunt se et sua,
datum presentibus Perroto Jamemon et Nicholao Espinet de
Niorto die lune post festum Epiphanie domini anno ejusdem
millesimo du centesimo nonagesimo sexto.

(Archives de Niort, nᵒˢ 2929 et 2930.)

XIVᵉ SIÈCLE.

I.

Hugues de Froidevillo chevalier senesehal do Poictou pour
nostre tres redoubte seigneur monseigneur le duc de Berry et
d'Auvergne conte de Poictou au sergent general de Niort pour
nostre dit seigneur Audinet la Chiane Pierre Palstrau Jehan
de la Faie Johan Bienvenu et a touz les autrez sergens dicellui
seigneur et allouez diceux salut. Nous avons receu les lettres
de nostre dit seigneur contenant ceste formez : Jehan fils de
roy de France duc de Berry et Dauvergne conte de Poictou.
A touz ceux qui ces presentes lettres verront salut nous avons
receu l'umble supplicacion de noz amez et feaux les mayre et
bourgeoys de nostre ville de Nyort contenant que pour cause
de la guerre il est besoing et necessaité de repparer et fortiffier
nostre dicte ville en pluseurs lieux tant de murailles que de
ordimens de boys et autres chouses lisquieu chouses il con-
vient prestement faire et accomplir pour la seurté et deffence
de nostre dicte ville et du païs environ. Et lesquieu chouses
lesditz maire et bourgeois ne pourroyent faire sans nostre
bonne aide et grace. Et nous ont humblement supplie que sur
ce il nous pleust a euls octroier une imposicion de quatre
deniers pour livre sur toutes danrrées et marchandises qui
seront vendues, revendues ou eschangées en nostre dicte ville
et chastellenie d'icelle de quelconque personne que ce soit.
Pour ce est il que nous considerées ces chouses ausdiz mayre
et bourgois de nostre certaine science et grace especial avons

octroie et octroions par ces presentes la dicte imposicion de
quatre deniers pour livre sur toutes danrrees et marchandises
qui seront vendues revendues ou eschangées en nostre dicte
ville et chastellenie dicelle jusques un an prouchain venant a
compter du temps quelle sera commaincée a lever et que la
dicte imposicion il puisse lever et faire lever cuillir et recevoir
par eux ou leurs depputez sur toutes manières de gens de
quelconque estat ou condicion quil soient pour mettre et
convertir es dictes reparacions et fortiffiemens et non ailleurs
de laquelle le Recevour par eux ordenné sera tenu de compter
par devant noz gens. Si donnons en mandement a nostre
seneschal de Poictou et a touz noz autres justiciers officiers ou
a leurs lieuxtenans et a chascun d'eux si comme a li appar-
tiendra que lesdiz maire et bourgois leurs commis et depputez
sur ce facent et seuffront joir et user paisiblement durant le
temps de notre presente grace et octroy, et contro la teneur
dicelli ne leur donnent ou seuffront estre donné aucun empeschement ou destourber en aucune maniere car ainsi le voul-
lons nous estre fait et ausdiz maire et bourgois lavons octroie
et octroions de grace especial si mestier est par ces presentes
non obstans quicuconques ordennances mandemens ou
deffences et lettres subreptices empetrees ou a empetrer au
contraire ; on cas toutes voies que adce se consentiront la plus
grant et saine partie des habitans de nostre dicte ville. Donne
en nostre chastel de Genoilly souz nostre scel le X° jour de
juing l'an mil CCCLX dix et neuf. Et estoient signées par
monseigneur le duc en son conseil onquel vous et autres
estiez. J. Lemasle.

Pour la lecture et auctorité desquelles lettres nous avons
fait appeller au jour duy par devant nous honorable homme et
sage maistre Pierre Pertceschauces, maire de la dicte ville, et
Jehan Pertceschauces, procureur d'icelle, Pierre Chandieux,
Jehan de Santie, Jehan Compaignon, Pierre de la Porte,
Martin Gabiret, Jehan Cloussea le jeune, Jehan Bachime
l'aisné, Jehan Bachime le jeune, Guillaume Bourrea, Jehan
Funellier, Jehan Jousseame, Guillaume Coyant, Guillaume

Dabbaie, Symon Dachime, Johan Langlois, Johan Poussart, Johan Ballet, Johan de la Faie, Pierre Pelte, Johan Coyaut, bourgois et habitans en la dicte ville et plusieurs autres bourgois et habitans en ycelle ausquieu demandasmes se il consentoient l'octroy fait par nostre dit seigneur audit maire et bourgois de la dicte ville de la dicte imposition de IIII d. pour livre par la maniere contenue esdictes lettres dudit octroy lesquieu nous responssirent quil le vouloient et consentoient. Par le consentement desquieu et de ce que Johan Poussart notaire public de l'auctorité roial nous a fait relacion que en sa présence lesdiz maire et procureur de la dicte ville et la greigueur et plus saine partie des bourgois et habitans dicelle assemblez en plenier esclavinage pour ceste cause le mardi feste de S. Pierre et S. Paul dernier passe volurent et consentirent le dit octroy de la dicte imposicion de IIII d. pour livre et en passa instrument et de leur consentement vous mandons et si mestier est commettons et a chacun de vous non obstant quil ne soit en voz offices povoirs ou bailliage que lesdiz maire et bourgois leurs commis ou depputez sur ce faictes et seuffrez joir et user paisiblement durant ledit temps de la dicte grace et octroy a euls fait de nostre dit seigneur et contre la teneur d'icellui ne leur donnez ou souffrez estre donné aucuns empeschement ni descourber en aucune maniere selon la forme et teneur des dictes lettres de nostre dit seigneur et quemandé nous est par ycelles. En contraignant et perforçant tous ceux qui aucune chouse devrait de la dicte imposicion par prinse et arrest des denrrees et marchandises et par toutes justes et bones compulcions accoustumées affaire en tiel cas pour le vendre et pour ausdiz maire et bourgois ou leurs diz commis ou depputez prestement et sans deslay sanz vous entremettre de chouse qui requiere cognoissance de cause. Mandons à tous les subgiez et . . . . de nostre dit seigneur que a vous et chacun de vous et ausdiz maire et bourgois ou leurs commis ou depputez et a chacun deux et ce faisant . . . . diligemment et entendent et donnent conseil confort et aide si mestier en ont. Donné à Nyort souz le scel de ladicte seneschaucie le premier jour de juillet lan mil CCCLX dix et neuf. Juylli.

Collacion faicte à l'original Z. de Porta. C°.

(Archives de Niort, n° 456.)

II.

Fonds des aumôneries de St-Jacques et St-Georges ; noms extraits de chartes originales 1321-1380.

Heliot Tison, chevalier.

P. Martin, garde-scel à Niort pour le roi de France, en 1354.

J. de Luzerches, garde-scel en 1357.

F. de la Porte, garde-scel en 1370 pour le prince d'Aquitaine et de Galles.

J. Piedfourcin.

Gaudry.

Jousseaume.

Bouffard.

Fouquet.

Male-Messe (1).

Pierre Sarrazin.

J. Mangou.

J. Cassepects.

Méchin.

Pierre Pot-de-Lièvre.

Gilles Perdseschausses, maire.

Angot.

J. Voisin.

Coyaud.

Sabouraud.

H. Baschime.

J. Veilleseigle.

Gagnepain.

P. Poussart.

J. Buffeteau, lieutenant du senechal de Poitou.

Pierre Chandieu.

J. Scellier, bourgeois de Niort.

Hug. Pouvreau, chevalier, seigneur de Siec.

J. de Sancerre.

J. Brochier.

Hugues de la Croix.

J. Compagnon, procureur de la commune.

(Archives de Niort, n°s 844 à 846, 2000 à 2080.)

(1) Très-riche personnage. Son nom me paraît indiquer un Juif converti.

XVe SIÈCLE.

—

I.

Assemblée faite par maistre Jehan Laidet, maire de la ville de Nyort, des cens pers et bourgeois d'icelle ville, fete lad. assemblée en la maison de l'Eschevinage, a laquelle assemblée estait led. mons. le maire. Faite le XIXe jour de juing lan mil IIIIe cinquante et trois.

Maistre Guillaume Laidet.	Pierre Johan.
M. Pierre Taveau.	Marc Bruneau.
Me Pierre Laidet le jeune.	Jehan Guerin.
Jeh. Yndre.	Jehan Jourdain.
Joh. Laydet.	Mery Bouher.
Jeh. Maignen.	Me Joh. Jourdain.
Mery Laydet.	G. Jeh. Galemit.
Jeh. Frotier.	Jeh. Pein, drappier.
S. Jehan Laidet.	Pierre Garignon lesné.
Me Jehan Jau.	

II.

Assemblée faicte par nous Jehan Laidet maire de la ville de Nyort de cent pers bourgeois et Eschevins de lad. ville faicte à son de trompe et de campane ainsi quil est acoustumé faire en tel cas. En laquelle assemblée estaient presents par devant nous maistres Guill. Laidet, sire Pierre Taveau, Jeh. Jourdain,

Joh. Daniel tesné, Jeh. Daniel le jeune, ... Jeh. Laidet,
Hugues Fouschier, Mery Laidet, Jeh. Frotier, Jeh. Benest,
Regnaud Laidet, Pierre Garignon tesné, Jeh. Pion, Martin
Clert, Martin Ymbert, Pierre Galemit, Gilles Brisson, Jeh.
Laidet tesné, Jeh. Monnoyeur, dit Cappitene, Pierre Garignon
le jeune, Jeh. Yndre, Jeh. Regnault mercier, Pierre Jourdain
tesné, Jeh. Taveau, Jeh. Symon, Jeh. Garin, Jeh. Pouget, Jeh.
Desnoliers tesné, Jeh. Thiron, Johan Abeluy, Jeh. Legne et
Pierre Jourdain le jeune; par lesquels entre autres chouses a
esté deliberé et conclud que nous maire susd. pour avoir esté
par l'advis et deliberation dud. college devers le Roy à Tours
avecques les gens d'éclise, nobles et autres des villes du pays
et comté de Poictou ainsy que par eulx avoit esté advisé pour
la poursuyte du parlement que led. pays requerait aud.
seigneur estre mis et ordonné dedans la ville de Poictiers,
auquel lieu de Tours . . . . avoit . . . .
onquel voyage mons. le maire avoit . . . . et demeure
lespace de XXVIII jours avecques la . . . . pour
f. . . . . fraiz et despens et prix ledit voyage. . . . . .

14 lignes illisibles effacées.

III.

Assemblée pour traiter et eslire 3 bourgeoys de ceans, lun
des trois prins et esleu pour mayre par mons' le senechal
de Poictou. Fait le VIe jour de juin lan 1456.

Et premierement mond. sr le maire. — Sire Jeh. Laidet. —
Me Jeh. Yver. — Me J. Jau. — Me P. Pignon. — Jeh. Chaille. —
Me P. Taveau. — Me J. Jourdan. — S. Helies Faure. — S. J.
Bastard. — J. Jourdain. — Me P. Laidet laisné. — S. Hug.
Fouschier. — S. J. Martin. — Mery Laidet. — P. Giffondea.
— P. Garignon le jeune. — Me J. Daniel laisné. — J. Garignon
laisné. — P. Jehan. — Colas Buignon. — J. Garin. — J. Durant.
— J. Rollier. — Oliver Guillebert. — J. Taveau. — P. Desras.
— J. Reppin. — Mery Artaut. — Berth. Agrouhe. — J. Thibaut.

— Fr. Maynier. — G. Maynier. — Gillet Brisson. — J. Ronest,
— P. Jourdain laisné. — J. Symon. — Durant Julien. — P.
Brotheron. — J. Regnault mercier. — J. Gastebled. — J. Legne.
— Est. Galemit. — Martin Clert. — J. Habelin. — J. Dunolier.
— P. Perineau. — J. Bertrand du Fourests. — Colas Sappin.
— Est. Coulon. — J. Pion. — ..... Bruneau. — J. Maignien. —
P. Gastrand. — G. Palardy. — G. Mercier. — J. Dunolier lesné.
— J. Baussay. — Julien Richart. — Mery Bouher. — P. Galemit.
P. Lyonel. — J. Brisson. — Jacq. Belot. — J. Bourguignon. —
J. Pont drappier. — J. T..... (En tout, 69.)

Conclu que si les vins de mons⁧ de Poictiers et de Jeh.
Pasquier ont esté vendus à details et en leurs noms et à leur
proufflt, que la ville leur doit le chicquet, et qu'il sera rabattu
aux fermiers : mais sils les ont vendu en groust, la ville ne
rabattra rien ausd. fermiers.

Elus pour recevoir les brefvets : le maire et 4 pairs.

ÉLECTION DU MAIRE EN 1456.

XLV. — M⁰ Jeh. Yver. IIIIIIIIIIIIIIIIIIIIIIIIIIIIIIIIIIIIIIIIIIIII.
XLII. — S. Jeh. Bastier. IIIIIIIIIIIIIIIIIIIIIIIIIIIIIIIIIIIIIIIII.
XLIIII. — M⁰ P. Taveau. IIIIIIIIIIIIIIIIIIIIIIIIIIIIIIIIIIIIIIIIIIIII.
XXVI. — J. Jourdain. IIIIIIIIIIIIIIIIIIIIIIIIIII.
XVI. — M⁰ J. Jau. IIIIIIIIIIIIIIII.
II. — M. J. Laidet. II.
VI. — M. André Coiquet. IIIIII.
II. — S. Helies Fouscher. II.
III. — S. J. Martin. III.
I. — J. Pont. I.
XI. — M. P. Laydet. IIIIIIIIIII.
III. — J. Chaille. III.
I. — Mery Bacher. I.
II. — S. J. Galemit.

(Archives de Niort, premier registre des
délibérations de la commune, n⁰ 335.)

Novembre 1401.

Lettres de Louis XI, accordant au corps de ville de Niort le privilège de noblesse.

V. Thrésor de Niort. (Augier de la Terraudière.)

XVIᵉ SIÈCLE.

—

I.

*Procès-verbal des noms, sermens, déclarations de revenus,
chiffre de contribution des gentilshommes et des propriétaires
de terres nobles des châtellenies de Niort, Benet, Colles,
Lalande, Aunay et Chef-Boutonne comparaissant devant les
lieutenants du Roy en Poitou, chargés de lever en 1529 l'aide
volontaire du dixième des fiefs et arrière-fiefs « en recouvre-
ment de nos dits seigneurs les enfants du Roy. »* — Châtellenie
de Niort, noms : Bastard, Baudoyn, Bourguignon, Boutheroue,
Buygnon, Desprez, Devilliers, Fouschier, Gascougnolle, Gislior,
Goulard, Guitaut, Hélyes, Laurens, de Lafosse, Loubeau, de
La Roche, Maboul, Maillé, Maréchal, Morices, Perrin, Pon-
thieux, Prévost, Puygiron, Puyguyon, Robert, Tarquex, de
Thury, Vigier, Vieillesègle, Yndre, etc... — Châtellenie de
Chizé : Campbell, de Cumont, de Cursay, de Félix, Fourré,
Gazeau, de La Rochebeaucour, Larochechaudry, de Lezignac,
Laydet, de Méricourt, Prévost, de Vezins. — Châtellenie de
Chef-Boutonne : de Bellabre, Berry, de Beauchamp, de Beau-
mont-Bonneval, Chambre, Delastre, Érart, de Girard, Girauld,
Martin, de Mathefelon, de Poix, de Rochechouart, Turpin,
Vasselot. — Noms des bourgeois de Niort possesseurs de terres
nobles (1).

(Archives départementales, série C.)

(1) M. Ravan a publié quelques extraits de ce registre, in-4°, 148 feuillets,
sous le nom de *État des nobles du Poitou après la bataille de Pavie.*
Niort, L. Clouzot, in-8°.

18

II.

Tableau des Échevins et Pairs de la ville et commune de Nyort, en 1535.

S'ensuyt le nombre des cent Eschevins, Conseillers et Pers de la ville de Nyort, extrait du tableau, par J. Coyault, secrétaire, en l'année 1535.

ESCHEVINS.

Nobles et honorables hommes et sages maistres.

Philippes Laydet (mort).
Sire Johan de Saint-Martin.
Jehan Berthelin (mort).
Mᵉ Guille Veilleseigle.
Mᵉ Jehan Bastard.
Jehan Macé.
Mᵉ Pierre Laydet.

Mᵉ Jacques Berland.
Guy de Villiers.
Léon Thibault.
Johan Duboys.
Mᵉ Jehan Pelletier.
Mᵉ Anthoine Sinson, mort.

CONSEILLERS.

Mᵉ Jacques Yver, mort.
Sire Guillaume Tarquex.
Mᵉ Jehan Jau.
Mᵉ Jacques Laurens l'ayné.
Mᵉ François Arribat.
François Guilhen.
Mᵉ Bertrand Laydet.
Mᵉ François Perrin.
Léon Bouhier.
Mᵉ Olivier Roy (mort).
Mᵉ Jehan de Grondry (mort).
André Bidault.
Gelays Coyault.

Mᵉ Jacq. Laurens le jeune.
André Savignac.
Mᵉ Philippes Berland.
Pierre Alleri.
Thomas Laurens.
André Coyault (mort).
Durand Maignen.
Mᵉ Anthoine Frémault.
Jehan Indre.
Hugues Bizard (mort).
André Savignac.
Hillairet Blanchard.

PERS.

Me Jacques Jau.
Me Pierre Thibault.
Me Valentin Houmeau.
Johan Rouhier.
Guillaume Gentilleau (mort).
Pierre Giraudeau (mort).
Johan de la Ronce (mort).
Guillaume Menson (mort).
Bernard Mulot.
Mongin de la Rivière.
François Sabourin (mort).
Cristolle Poignard.
Gilles Maboul.
Meri Laurens.
Me Johan Guillemin.
François Fauldry.
Johan Adrien.
Johan Jouslard (mort).
Georges Compaing.
Johan Clerc (mort).
Johan Baudin.
Pierre Gentilleau.
François Poignart.
Jehan Janvre.
Robin Lucazeau.
Guillaume Blanc.
Jehan Berlays.
Pierre Thibault.
Jacques Sarreau.
Me Pierre Jodin.
Colas Durand.
Jacques Sabiron.
Jehan Guyschard.

Bastien Fayfou (mort).
Macé Mension.
Raoul Ridault.
Johan de Saint-Martin le jeune.
Françoys Urtebize.
Johan Richier.
Philippes Mangard.
Symon Cochet.
Pierre de la Rivière.
Laurens Moynard.
Guille Pastureau.
Me Philippes de Villiers.
Me Jacques Jau.
Pierre Macault.
Me Bertrand Bourguignon.
Pierre Gibault.
Me Toussaint Mestier.
Johan Chabot.
Me Jacques Chalmot.
Guillaume Joyeulx.
Bastien Gorrin.
Jacques Savignon.
Françoys Chabot.
Françoys Nivard.
Me Philippes Berland.
Charles Gentilleau.
Pierre du Pin.
Françoys Perin.
Françoys Dabillon.
Jehan Vigier.
Michau Pannier.
Guillaume Vyault.
Jehan Ayguedeau.

Richard Voustand, Guillaume de Villiers,
Crespin Brisset. Pierre Bellot.

III.

État des fonctionnaires judiciaires de Niort et de la vicomté d'Aunay, en date du 25 mars 1540, en exécution des lettres du roi François Ier, en date du 6 mars 1539, à Noyon, par lesquelles il demanda le nombre des juges, notaires, sergens, et la valeur de leurs offices.

SIÉGE ROYAL.

Doyneau (Fr.), lieut.-général en Poitou.

Jacq. Berland, procureur du roi.

Guill. Vieilleseigle, lieut. du sénéchal à Niort.

Jacq. Laurens, juge-prévôt et châtelain.

J. Berthelin, assesseur et lieut. particulier.

Phil. Devilliers, enquesteur.

J. Bastard, avocat du roi.

Guill. Devilliers, contrôleur des deniers communaux.

NOTAIRES ROYAUX A NIORT (1).

René Garnier, pourvu 5 juin 1534.	Robin Desmolins, 1524.
	Jacq. Jacquelin, 1531.
Pierre Grignon, 1524.	Maurice Morin, 1538.
Jean Guischard, 1518.	Crépin Brisset, 1532.
J. Roy, 1532.	Pierre Yvert, 1539.
Gabr. Rebuffé, 1517.	

(1) Les notaires royaux se plaignent des notaires des terres subalternes qui résident à Niort, faisans les actes des notaires royaux; ils sont, outre les 10 royaux, 37 notaires seigneuriaux dans Niort.

IV.

Première Assemblée des principaux marchands et notables
commerçants de la ville et commune de Niort, convoqués pour
élire les premiers juges, consuls, et instituer le tribunal de
commerce :

Parchemin, français; 31 décembre 1565. Assemblée générale
des bourgeois et marchands de la ville, pour élire les premiers
juges consuls, « en laquelle ont assisté sires Fr. Chabot l'esné,
Fr. Dabillon, Jacques Maboul, Bertrand Rochereuil, Mathurin
Beau, Sébast. Gorrin, J. Huguoteau, Fr. Chabot le jeune,
Jacques Pastureau, P. Miget; J. Panyer, F. Demodon, Guill.
Joyeux, Jo. Dupin, G. Brotheron, eschevyns; Me. Laurens
Gorrin, procureur dud. corps; J. Maboul, P. Coutocheau,
Jacq. Thibaut, J. Morin, Mathurin Jamart, René de Lescolle,
J. Hurtebize, André Dabillon, Fr. Guischard, R. Michel, Fr.
Guillebert, J. Chargé, J. Audebert, J. Daroil, André Touppot,
Robert Postel, pers; J. Brelaye, F. Beau, Jacq. Fillon, J. Girard,
R. Saule, ..., Fr. Pyet, G. Cousseau, M. Defaye, Mathur. Main,
M. Turbier, P. Michel dit Dardin, N. Gaschet, J. Fretault,
Blayse Desgroys, André Bernier, Anthonin Ayrault, J. Prye,
P. Gaude, Jacq. Brolin, Claude Guerry, ..., G. Viault, G. Morin,
H. Texier, J. Dugué, A. Clemanson, F. Herpin, H. Fournyer,
Oliv. Jouchet, Bert. Richier, Ant. Jouslain, Th. Gaborit et
Mathur. Bastard, tous bourgeoys et marchands de lad. ville. »

(*Archives de la commune de Niort, nº 2762.*)

V.

Extraict du papier des Exempts du ban et arrière-ban de
Poitou, 2 juin 1557.

Aujourdhuy à la monstre du ban et arrière-ban de Poictou
se sont comparuz en leurs personnes Me Philippes Berland

eschevyn de la ville de Nyort et sire Jaques Maboul aussi eschevyn de lad. ville, lesqueulx ont mis au greffe de la cour de céans ung roolle contenant les noms et cognoms des maire eschevyns et conseillers de la ville de Nyort qui sont de présent en lad. ville pour lesqueulx se sont cejourdhuy presentez à fyn d'exemption du ban et arrière-ban Jacques Yver maire et J. Dupyn secretaire, et une attestation judiciaire faicte par devant nous ou nostre lieutenant en la seneschaucée de Poictou au syège de Nyort le XXIX° jour l'an mil cinq cent cinquante sept signée Jamart, contenant la demourance que font lesditz eschevyns et conseillers en ladite ville ; ensemble, ont mys au greffe une aultre attestation judiciaire en datte que dessus faite par devant nous ou nostre lieutenant à Nyort contenant les noms et cognoms des enffans et vefves qui font leurs residances et demourances ordinaires en lad. ville de Nyort ; qui sont demourées au greffier et desquelles attestations est demourée coppie par devers led. greffe de la cour de céans, et duquel Roolle la teneur s'ensuyt (et leur a été rendu l'original desdittes attestations.

Extraict des noms et cognoms des vingt cinq tant eschevins comme conseillers de ceste ville de Nyort faict du tableau et roolle auquel sont inscriptz les noms des cent eschevyns conseillers et pairs par nous Jacques Yver maire et Joseph Dupin secretaire dud. Nyort :

ESCHEVYNS.	CONSEILLERS.
Sire Jaques Yver, maire.	Sire Sébastien Gorrin.
M° Jaques Laurens.	M° Jehan Bastard.
M° Philippes Berland.	Sire Guill° Pastureau.
M° Jaques Jau.	Sire Pierre Mallet.
Sire François Chabot.	Sire Jehan Vigier.
M° Guill° Devilliers.	M° Claude Giraudeau.
Sire Jaques Maboul.	M° Bertrand Rochereuil.
Sire Guill° Viault.	Sire Mathurin Beau.
M° Jehan Berthelin.	Sire Guill° Bertheron.

ESCHEVINS.

Mº Pierre Davilliers,
Sire François Dabillon,
Mº Jaques Chalmot.

Ainsy signé Jaques Yvor maire et J. Dupyn secretaire. Desquelles choses susdittes lesditz Berland et Maboul nous ont requis acte que leur avons octroyé pour leur valloir et servir ce que de raison. Faict à Poictiers, à ladite Maison le second jour de juing l'an mil cinq cens cinquante sept.

BEAUTIN, commis.

(Archives de Niort, nº 93.)

XVIIᵉ SIÈCLE.

—

I.

Roolle liste et Estat des Maire Eschevins et Conseillers de la ville de Nyort, leurs veufves, enfans et descendants quils présentent à vous Messeigneurs les Commissaires depputez par le Roy au ressort de Parlement à Bordeaux sur le faict des francs fiefs et nouveaux acquetz suivant les lettres patentes du Roy sur led. faict : données à Follembray le 16ᵉ janvier 1605 aux fins de leurs indampnités à eulx octroyez par les feuz Roys de France confirméz par le Roy à presant regnant dexamption desdictz francs fiefs et nouveaux acquests, et par ce protestantz de non y déroger. Fait cejourdhui 10 apvril 1606.

Jacques *Devilliers*, mayre et capitaine de Nyort.
Mᵉ Mathurin *Pastureau*.
Jacques *Pastureau*.
Mᵉ Loys *de Villiers*.
Mᵉ Louys *Arnaudet*.
Mᵉ Aubin *Girault*.
Philippe *Chalmot*.
Mᵉ *Laurens*.
Mᵉ Jacques *Jacquelin*.
Hierosme *Avice*.
Jacques *Chargé*.
Joseph *Audouard*.

Jehan *Audouard*.
Pierre *Rousseau*.
Mᵉ Pierre *Texier*.
Jacques *Berlouin*.
Hierosme *Sachier*.
Estienne *Savignac*.
Nicollas *Gallet*.
Mᵉ Symon *Demairé*.
Mᵉ Laurent *Chabot*.
Mathurin *Morin*.
Mᵉ Jehan *Chasteau*.
Mᵉ Guillᵉ *Giraudeau*.

II.

Ce sont les noms des Enffahts dessendus des Eschevins du Corps de lad. ville de Nyort :

M° Pierre *Peletier*, advocat à Nyort, fils de feu M° Pierre Pelletier, qui est fils de feu noble homme M° Jehan Pelletier, quand vivait, Eschevin.

Johan et Pierre *De St-Martin*, enffanz de feu M° J. de St-Martin, advocat audit Nyort, filz de feu Jehan de St-Martin, qui estoyt filz de feu noble homme Jehan de St-Martin, quand vivait, Eschevin.

Johan et Estienne *Jouslard*, escuyer, filz de feu Jehan Jouslard, sieur de Pranzac, qui estoyt filz de deffunct noble homme Mathurin Jouslard, quand vivait, Eschevin.

Aymé *Hugueteau*, fils de Jehan Hugueteau le jeune, qui estoyt filz de feu Jehan Hugueteau l'esné, quand vivait, Eschevin.

Noble homme M° Jacques *Chalmot*, conseiller du Roy, notre sire, en sa court de Parlement à Paris, Jehan et Pierre Chalmot, enffanz de feu M° Jacques Chalmot, vivant Eschevin dud. Nyort.

Noble homme M° Pierre *Viault*, advocat aud. Nyort, filz de feu noble homme Guill° Viault, quand vivoyt, Eschevin ; ledit Pierre, sr de la maison noble de Chamberlon et d'une maison appelée la Viauderie et fief de Rochethibault en l'isle de Maigné ; plus est sieur du fief de Combes en la paroisse de Granzay.

N... *Demodon*, fils de feu Jacob de Modon, qui estait fils de feu François Demodon, quand vivoyt, Eschevin.

Noble homme M° Jacques *Berland*, conseiller du Roy nostre sire, en sa court de Parlement de Bretagne, et Philippes

Berland, enffans de feu noble homme M° Philippes Berland, quand vivoyt, Eschevin.

M° André *Bidault*, procureur aud. Nyort, filz de Jacques Bidault qui estoyt de Raoul, led. Raoul filz de noble homme André Bidault, q. v. E.

Martin *Bourgougnon*, s⁰ de Leigne, fils de feu François Bourgougnon qui estoyt fils de Jacques, lequel Jacques fils de Guillaume Bourgougnon, q. v. E.

Guy *Bourgougnon*, filz de feu noble homme Amaury Bourgougnon, q. v. s⁰ de la Barlière, Eschevin.

Maistre Laurent *Coyault*, procureur aud. Nyort, filz de feu Guy Coyault qui estoyt filz de feu André, fils de feu noble homme Geloys Coyault : led. Laurens sieur du Fourneau en la paroisse de Frontenay-l'Abattu.

Guill° *Urtebize*, filz de feu F. Urtebize, q. v. E.

Jehan *Jouslard*, filz de feu M° Jeh. Jouslard, fils de feu M° François Jouslard, q. v. E.

Philippes *Jouslard*, escuyer, fils dud. feu M° François Jouslard, vivant Eschevin.

M° Emmanuel *Fauldry*, fils de feu noble homme M° Bertrand Fauldry, q. v. E., s⁰ du fief de Lay, paroisse de Frontenay.

Jacques *Jauld*, escuyer, filz de feu M° Bertrand Jauld qui estoyt filz de noble homme M° Jacques Jauld, q. v. E., s⁰ du Bief-Chabot, en la baronnie de Frontenay.

André *Jauld*, escuyer, filz de feu André Jauld, escuyer, fils de feu noble homme M° Jehan Jauld, q. v. E., et sieur de Puy-de-Font.

André et François *Dabillon*, enffanz de feu noble homme André Dabillon, q. v. E.

Jehan, Jacques, Philippes, et Guill° *Bastard*, enffanz de feu noble homme M° Jeh. Bastard, vivant Eschevin.

André et Philippe Bernard et Jehan *Berland*, enffanz de feu M° Bernard Berland, vivant procureur du Roy, lequel estoyt filz de feu noble homme M° Jacques Berland, q. v. E.

Baptiste *Chabot*, escuyer, filz aisné de feu noble homme Françoys Chabot, q. v. E., s^r de la Pimpelière.

Phil. *Laurens*, escuyer, filz de feu noble homme M° Jacques Laurens, q. v. lieutenant général aud. Nyort, et Eschevin de lad. ville.

M° Jacq. *Audouard*, filz de feu M° Jehan Audouard, q. v. E., et eslu de lad. ville.

Guill° et Jacques *Pastureau*, enffanz de feu noble homme Guill° Pastureau, q. v. E.

Jacques, Philippe et Louys *Devilliers*, enffanz de feu Phil. Devilliers q. v. E., escuyer, s^r de Prinçay.

Bonnaventure *Jauld*, filz de feu M° Bertrand Jauld qui estoyt filz de feu noble homme M° Jacq. Jauld q. v. E., s^r du Fief de Bief-Chabot.

Philippe *Devilliers*, filz de feu noble homme André Devilliers q. v. E., s^r de Lesson.

Mes Sebastien et Philippe *Gorrin*, enffanz de feu n. h. M° Laurent Gorrin q. v. E.

Jacques *Thibauld*, filz de feu n. h. Roulland Thibauld, q. v. E.

Mes Pierre, Jacques et Jehan *Pastureau*, enffanz de feu M° Pierre Pastureau, fils de feu noble homme Guill. Pastureau q. v. E., sieur du Fief Gourgeaud à Frontenay (baronnie).

André *Viault*, filz de feu noble homme Guill° Viault q. v. E.

Louis *Laurens*, escuyer, s' de la Mormartin, filz de feu noble homme M⁰ Jacques Laurens, vivant lieutenant général et Eschevin de lad. ville, s' de la Chaignaie.

René *Chabot*, filz de feu noble homme Françoys Chabot, filz de n. h. Françoys Chabot q. v. E., s' de la Pimpelière.

Mich.l *Panier*, filz de feu n. h. Jehan Panier q. v. E.; ledit Michel sieur de la moytié du fief d'Aigonnay en la parroisse de Sensay dont François Du Devant est Chemier à cause de Marguerite André, sa femme; plus est sieur du fief Faydeau, paroisse de Senzay; plus est seigneur du fief de Vignes appelé le fief de la Perardière en la parroisse de S¹-Georges-de-Rex.

Guill⁰ *Arribat*, filz de feu noble homme M⁰ Françoys Arribat q. v. E.

Jehan *Touppet*, filz de feu Toussaint Touppet qui estoyt filz de n. h. Gilles Touppet, q. v. E.

Bertrand et Alexandre *Gorrin*, enffanz de feu Mery Gorrin, qui estoyt filz de feu n. h. Bastien Gorrin q. v. E., s' du fief des Lay, en la paroisse de la Revetison-Chabot.

Gamuhil *Panier*, filz de feu n. h. Jeh. P. q. v. E.

S'ensuit les nor⁰ des veufves des Eschevins dudit Nyort :

Damoizelle Florence *Devilliers*, v⁰ de feu n. h. M⁰ Jacques Chalmot, q. v. E.

Damoiselle Marie *Pinot*, v⁰ feu n. h. M⁰ Jehan Audouard q. v. E., dame du fief et dixme de la Courollière, en la baronnie de Frontenay-l'Abatt⁰.

Damoiselle Magdelene *Chargé*, v⁰ feu n. h. M⁰ Philippe Devilliers q. v. E.

Damoiselle Marguerite *Du Pont*, v⁰ feu n. h. Laurens Bourgougnon, q. v. E.

Damoiselle Johanne *Baudoin*, v^{ve} feu n. h. Me Saturain Sachier, q. v. E.

Damoiselle Renée *Mestivier*, v^{ve} f. n. h. Toussaint Meslier, en son vivant sieur de Forges et Eschevin de ceste ville.

Damoiselle Magdelene *Arnaudet*, v^{ve} f. n. h. Jeh. Coyauld, q. v. E.

Perrette *Sené*, v^{ve} f. n. h. Rolland Thibault, q. v. E.

Faict pardevant nous Jacques Devilliers, escuyer, s^r de Princay, maire et cappitaine de ceste ville de Nyort, les jour et an que dessus. Ainsy signé Jacques Devilliers, maire, Pelletier, secretaire, Bidault procureur sindicq.

(Archives de Niort. Registre des délibérations de la commune, n° 24, pages 231 à à 239.)

III.

C'est le roolle liste et estat des Maire Eschevins et Conseillers de la ville de Nyort en Poictou, et leurs veuves enfans et descendantz; ensemble des fiefs et choses nobles que ilz possedent mointenant.

Que presentent à tous, nos seigneurs les commissaires depputez par le Roy au ressort du Parlement de Paris par le faict des francs fiefs et nouveaux acquetz suivant l'Esdit en lettres patantes de S. M. les ditz Maire Eschevins Conseillers ou leurs veuves et descendantz : aux fins de indemnité et exemption desditz francs fiefs et nouveaux acquestz à eux octroyées par les deffuncts Roys de France de bonne memoire, et confirmées par le Roy à presant regnant, o protestation de ne desroger à leurs privilèges suivant leur delliberation et assemblée générale tenue en la maison commune de Nyort le vandredy 28° d'aougst, an 1609.

André *Dabillon*, escuyer, sieur de l'Imbaudière, maire et cappitaine dudict Nyort l'année presante — sieur du fief et maison noble dudit lieu de l'Imbaudière en la paroisse de Benest ressort et Eslection de Nyort — du fief des Dabillons en la paroisse de Gript aussi ressort et Election dud. Nyort — de la maison noble et fief du Petit-Paconnay paroisse d'Hommes (Oulmes) ressort et Election de Fontenay-le-Comte — du fief de la Culasse-Dannert paroisse de Courdault ressort et Election de Fontenay-le-Comte — du fief de la Roche, sis partie en lad. ville de Niort, partie ès paroisses de Souché et de St-Florant lèz ledit Nyort.

Mathurin *Pastureau*, escuyer, sieur des Granges et Vaumoreau, fief maison noble et mestayrie dud. lieu, paroisse de Vouillé, ressort et Election dud. Nyort.

Noble homme Jacques *Pastureau*.

Noble homme Loys *De Villiers*, sr de Compairé et des fiefs et choses nobles qui en deppandent en la paroisse de Montigné —du fief de la Barre en lad. paroisse de Montigné — du fief de Prefourré (Puy-Ferré) paroisse d'Hervault — des 2 tierces partyes du fief et maison noble de la Tousche-aux-Pillotz, *aliàs* des Lambertières, paroisse de Brechauhé (Breuil-Chaussée) le tout au ressort de Poictiers en l'Election de Thouars.— Plus du fief Compaignon en la paroisse de Ste-Pezenne (Elect. de Niort) et d'un petit fief de vigne appelé Buffageasse en la paroisse de Gihec, ressort et Election de Fontenay-le-Comte.

Noble h. Loys *Arnauldet*, sr de la Guyonnière.

Aulin *Girault*, escuyer, sr des Gourfailles.

Gamahul *Toucquard*, escuyer, sr de l'Herse et des fiefs de Touche-Moreau en la paroisse de St-Sauvant ressort de Luzignan, — du fief Laydet autrement Laydeterie, et Port-Laydet, paroisse de St-Maxire, ressort et Election de Fontenay-le-Comte — des fiefs des Marbues et des Espinettes-lèz-Nyort, paroisse de St-André dud. Nyort — des fiefs de Vaux-le-Peu, et porte Mellaise aussy lèz ledit Niort.

Noble homme Philippes *Chalmot*, s^r de la Guillarderie et du fief de la Fère, p. de Rogné — plus des fiefs de la Beraudière, p. de Sayvre, le tout ressort et Election de St-Maixent, oultre de ses droicts, parts et portions aux fiefs et choses nobles declarées cy-après par damoiselle Florence Devilliers sa mère.

Noé *Laurens*, escuyer, s^r d'Escuré.

Hierosme *Avice*, escuyer, s^r de la Chaource et des fiefs de la Motte-Claveau, par. de Mougon, ress. et El. de St-Maixent — des fiefs maison noble, mestairye et moullins nobles de Maigmentait et Bonnet par. de Perigné, ressort de Civray et Election de St-Maixent—plus d'une rante noble de 2 boisseaux de froment et 2 chappons, par. de Montigny, ressort de Civray — et daultres rentes nobles de 77 £ sur le chasteau de la ville de La Rochelle, au grand fief d'Aunis ; lad. rente tenue à hommagement du Roy notre sire — item de la maison noble du boys de Roussay avecq toutes ses appartenances et deppandances.

Joseph *Audouard*, escuyer, s^r de St-Thibaud.

Pierre *Rousseau*, escuyer, s^r de Mans.

Noble homme P. *Texier*, s^r de la Hautise.

N. h. Jacques *Berlouin*, s^r du fief de la Voulte et d'un hebergement en terres nobles qu'il tient en parage de la seigneurie de Conzay, par. de Thorigny, ressort et Election de St-Maixent.

Noble homme Hierosme *Sachier*, s^r de la Salle, et sieur Chemier des fiefs de la Bertière et dud. lieu de la Salle — plus du fief Bourgeron : le tout par. de Brelay et Brulain, ress. et Elect. de Niort.

N. h. Estienne *Savignac*, s^r du Vieux-Fourneau et de la maison noble et fief de Breuillac, par. de St-Gelais, ress. et Elect. de St-Maixant.

N. h. Simon *Demayré*, s^r des fiefs de la Randoninière, paroisse de Marnay, ressort et Election de Poitiers.

Nicolas *Gallet*, escuyer, s^r de la Roche et du fief d'Isay, par. de Benetz ress. et Elect. de Nyort.

N. h. Mathurin *Morin*, s^r du fief Joyeux, par. de Souché, R. et E. de Nyort, et d'une sixiesme partie au total d'une rente noble de 40 boisseaux de bleds sur les maisons et mestairies de la grande et petite Pilloterie par. de St-Christophe, R. et E. de St-Maixent.

Jacques *Devilliers*, escuyer, s^r des fiefs et maison noble de Princay en Lesson avecques toutes leurs appartenances sises par. de Benetz R. et E. de Nyort — de la maison noble terre et seigneurie de Vauldelaigne — du fief du Breuil-Gallery et autres fiefs deppandans de lad. seigneurie de Vaudelaigne paroisse de Francoys R. et E. de St-Maixent — de la maison noble de l'Alleu par. de Thorigné — de la 4e partie des dixmes nobles de Ste-Eanne — du fief de la Croysade par. dud. Ste-Eanne R. de St-Maixent, E. de Nyort.

Noble h. Jacques *Chasteau*, s^r du Mazeau.

N. h. Guill^e *Giraudeau*, s^r du fief des Arlonnières, *aliàs* Nirsonnières par. de St-Remy-en-Plaine, R. et E. de Fontenay-le-Comte — plus du fief de Vachette, par. de Ste-Pezenne R. et E. de Nyort.

Nicollas *Bodin*, escuyer, s^r de la maison, fief, et seigneurie du Theile (Teil) par. de St-Léger-de-Montbrun — de la maison et moulin de Viennay par. de St-Pierre-de-Missé en la terre et l'Election de Thouars.

N. h. Jehan *Regnauld*, s^r des fiefs du grand et petit Montbrun, et autres cens et rentes, dommayne et heritages nobles assis au village de Villeneufve, p. de N.-D. de Montz en la principauté de Marsillac, R. et E. de Nyort.

M° Pierre *Angevin*, s° des fiefs du Pas-David et du Clion, par. de la Foye-Monjau — du fief de la Clervaudière avec ses appartenances et deppandances — des fiefs de Retz — et quart au fief de la Perche, et du quart moins une cinquiesme partye du fief et terragerie de la Grand-Baillie de Poyvendre — de la moytié du fief de la Lore — du fief Merigot, et du fief Clervault — plus de la moitié du fief de Bueuil, le tout en la paroisse de S¹-Jehan de Marigny et ses environs, R. (1) et E. de Nyort — item de la moytié et une 8° partye en l'autre moytié du fief de Dieu-le-Fit, *alias* des Grimaotz, par. de Villiers-en-Plaine — des fiefs aux Dames, Champapon, et l'Orme-Guillaume — de pareil droict en une moitié et une sixte en l'aultre moictié du fief du Rousty — de pareil droit en 7 sixièmes partie du fief Fermant — plus est sieur ledit Angevin de 2 quarts et demi en une moitié, et la 7° partie en l'autre moitié du fief de Joux — plus de la maison vulgairement appelée la Vieille-Garde — tous lesditz lieux, par. de Villiers-en-Plaine, R. et E. de S¹-Maixent.

S'ensuyvent les noms des vefves des Eschevins du Corps et Collège de lad. ville de Nyort, et de leurs fiefs, maisons et choses nobles:

DAMOYSELLES

Florance *Devilliers*, vefve de feu noble homme Jacques Chalmot et fille de feu noble Guy Devilliers, quand vivoyent, eschevins dud. Nyort, dame du fief ou rente noble de 10 septiers et demi de froment, sur et par raison des maisons mestayries, terres et appartenances de Massigny par. de S¹-Pompain, ressort et Election de Fontenay-le-Comte — de la seigneurie de la Mothe-Genouillé, par. de Brieuil-sur-Chizé. R. de Civray, E. de Nyort; — de la seigneurie et fief du Breuil-d'Aigonnay, *alias* le Breuil-de-Malicorne par. d'Aigonnay, R. et E. de S¹-Maixent; — du fief et maison noble de S¹°-Ruhe par.

(1) R. signifie Ressort, et E. signifie Election.

de St-Médard, R. et E. de St-Maixent — du fief et maison noble de la Petite-Vessière, *alids* la Grange, par. de Prailles, audit ressort et Election; — des fiefs de Laubinerie et fief Pasquier, par. de Bernegoue — du fief d'Angoulevent, *alids* St-Maixent, paroisse de St-Maurice — des fiefs de la Chaintre, l'Abbaye, la Tonnelle, le Champ-Chevrier, le Vignault, et fief des Guets, par. de Faye-sr-Ardin; — du fief de la Servantière, par. de Xaintray.

Magdeleine *Chargé*, vve de feu Phil. de Villiers; dame des fiefs et maisons nobles de la Porte, Boutin et Dabillon en la par. de Villiers-en-Plaine.

Jehanne *Baudouin*, vve de feu n. h. Me Saturnin Sacher, Eschevin — dame des fiefs de Puy-Cendron, par. de Prahecq, R. et E. de Nyort — du fief Coyrault en lad. ville de Nyort — du fief de la Jaudouynière, par. de Pamproux, ressort de Lusignan, El. de St-Maixent.

Madeleine *Arnauldet*, vve de feu Jehan Coyault sr de Sante, vivant Eschevin: dame du fief de Vigneronne et d'une moitié du fief de Pourtigault, et part prenant au fief de Beaune, par. de St-Gelays.

Marguerite *Dupont*, vve feu n. Laurent Bourgougnon, sr de Beceleuf; dame pour une moitié du fief Pignon, par. St-Remy, R. et E. de Fontenay-le-Comte.

Perrette *Pastureau*, vve feu n. Laurens Chabot; dame du fief de Challye en la ville de Nyort.

Marguerite *Cassot*, vve feu n. Jacques *Jacquelin*, dame pour un 4 du fief de Leigne et d'une moitié de la Pascauderie, *alids* la Couture, par. d'Aiffres.

Renée *Mestivier*, vve n. h. Toussaint Meslier, Echevin, et secretaire du Roy: dame de Forges, par. St-Maxire, R. et E. de Fontenay-le-Comte.

Anne *Blouin*, vve Me Charles Sachier, sr de Vaudelaigne et l'un des vingt-cinq nobles et Eschevins dud. Nyort: dame des fiefs des Petites-Granges, de Domizelières, Marquizières et Cheminotières, par. des Loges-Fougerousses et St-Hilaire de Vouchiz, ressort de Poitiers, Elections de Thouars et Fontenay-le-Comte.

S'ensuyvent les noms des Enfans et dessandantz des Eschevins dud. Nyort. Ensembles les noms de leurs fiefs et choses nobles.

Me Pierre *Pelletier* l'aisné, filz de Me P. Pelletier qui etoyt filz de Me Jehan Pelletier, quand vivaict lun desdictz vingt-cinq nobles et Eschevins dud. Nyort, sr du fief et maison noble de la Goupilière parr. de St-Remy Ress. de Nyort, Election de Fontenay — plus du fief de Barbezières — et d'une maison noble sise à Nyort.

Paul *Pelletier* filz emancipé dudit Me Pierre, heritier sous bénéfice d'inventaire de defunt Me Mathurin Jamart, quand vivoyt Eschevin dud. Nyort et Marie Prevost son ayeul et aieule maternels pour la moitié du fief de la Bourgeoisie et des Bernards.

Me Pierre *Viault* l'aisné fils de feu noble h. Guillaume Viault, aussi Echevin, sr du fief et seigneurie de Ste-Pezenne, et la Cour-de-Maigné, par. de Ste-Pezenne, Sihec, N.-Dame et St-André de Nyort — des fiefs et maisons nobles de Puy-Mervant, La Frotterie, les Vallées, par. de Benet, — des fiefs de la Nouzière, par. de Fors, R. et E. de Nyort — de la maison noble de la Règle fiefs, dixmes nobles, four à ban, par. de Beceleuf au baillage de Partenay, ressort de Poitiers, Elect. de Nyort — du fief et maison noble de la Torsaizerie, par. de Perigné, R. de Civray, E. de St-Maixent — plus tient led. Viault en ayde de debvoir les terres de Lespinasse, par. de St-Maxire, R. et E. de Fontenay.

André *Viault* filz de feu n. h. Guill. Viault, sr des Bernards et de la maison noble de Mazerolles, par. de Perigné.

M° Johan *Bastard* fils ainé de M° Jeh. Bastard qui aussy fut fils de M° Jehan Bastard, quand vivait l'un des 25 nobles et Eschevins, sieur de la maison noble et fief de la Raimondière, par. de Fenioux, au baillage de Partenay, Elect. de Nyort — plus du fief de Champugnet, par. de Benet, village de Lesson.

Noble Guill. *Pastureau*, fils dud. Math. Pastureau, escuyer, Echevin sʳ du fief et terre noble de Champ-Doré, par. de Vouillé.

N. h. Francoys *Dabillon*, fils de feu André Dabillon, escuyer, sʳ de l'Imbaudière et l'un des 25 nobles et Eschevins dud. Nyort, sʳ pour 1/4 par indivis du fief des Touches-Toupinières, *aliàs* Verrines, par. de Thorigny, Ress. de Civray, El. de Sᵗ-Maixent.

M° Emmanuel *Fauldry,* sʳ du fief de la Briaude, par. de Gormond et environs, Elect. de Nyort, fils unicq et seul heritier de feu M° Bertrand Fauldry, l'un des 25 nobles Eschevins et Conseillers de l'hotel et maison commune du Corps et College de la ville de Nyort.

Noble M° Jeh. *Arnauldet,* sʳ du fief de Nouaillé, *alias* des Robins, paroisse du Champ-Sᵗ-Père, ressort de Fontenay — et du fief de la Coussotière, par. Sᵗ-Provent, fils ainé de noble M° Loys Arnauldet.

Noble M° Loys *Arnauldet* le jeune conseiller du Roy, maître des ports et havres de Poictou, Aunis, Xainctonge et Angoumois; sʳ chemier du fief de Bouillac, Election des Sables-d'Olonne, ressort de Fontenay — fils puisné de M° Loys Arnauldet.

Noble monsieur maistre Jacques *Chalmot,* consʳ du Roy en sa cour de Parlement, fils aisné de deffunct n. h. M° Jacques Chalmot vivant Eschevin sʳ du fief de la Tour et Bois-Vasselot, par. de Prailles Ress. et El. de Sᵗ-Maixent — oultre de ses droicts portions et parts aux fiefs nobles déclarés cy-dessus par Damᵉˡˡᵉ Florance Devilliers, sa mère.

M⁰ Laurens *Coyauld*, filz de feu n. h. Guy Coyauld qui estoyt fils de feu André, et ledit André de noble homme Gelais Coyauld vivant Eschevin sʳ en partie des fiefs du Marais-en-Tauche, par. de Sᵗᵉ-Blandine Ress, de Nyort, Elect. de Sᵗ-Maixant.

M⁰ André *Bidault*, filz de Jacques Bidault qui estoyt filz de Raoul Bidault et ledit Raoul, de n. h. André Bidault, vivant Eschevin.

Noble homme M⁰ Pierre *Viault* le jeune filz de M⁰ Pierre Viault l'aisné.

Jacques *Thibaut* filz de Rolland Thibauld, sʳ du fief de la Haute-Marière par. de Pamplie, baillage de Gastine ressort de Poitiers, Election de Nyort.

Bertrand et Alexandre *Gorrin* enfans de feu Gorrin qui estoyt filz de feu Sebastien Gorrin vivant Eschevin, seigneur chemier du fief Rivollet, par. de Sᵗ-Remy-en-Plaine.

Honorables hommes Jehan, Pierre, Jacques et Jehanne *Maboul* enfans de feu Jeh. Maboul qui fut filz de feu Jacq. Maboul quand vivoyt l'un desditz Eschevins, sʳ du fief noble de la Douilleterie, au village de Bourgbiau, parr. de Sᵗ-Gelais. Et..... ledit Pierre sʳ du fief et mestayrie noble de Roussillon, on Gouvernement d'Aunis.

N. et René *Guischard* enfans de feu dame Jacquette Viault, fille de feu noble homme Guillᵉ Viault vivant Eschevin, sieur de la maison noble dite de la Cour-de-Maigné et Fretauld, en la parr. de Sᵗᵉ-Pezenne, à eux escheue par le decès de feu Guillᵉ Viault leur ayeul.

Dame Marie *Coyault* vefve de feu M⁰ Jehan *Arnauldet* sʳ de la Repoussonnière filz de M⁰ Jeh. Arnauldet vivant Eschevin, dame du fief et maison noble de la Repoussonnière, parr. de Ruffigny, ressort et Election de Sᵗ-Maixent.

Damoiselle Anne *Hillairet* vefve de feu noble Guy *Bourgou-gnon*, vivant sr de l'Autremont filz de noble Amaury Bourgou-gnon, q. v. E., dame dud. fief de l'Autremond en Praheoq; plus du fief de Fonschatre, parr. de Baussay ressort et Elec-tion de St-Maixent.

Damoiselle Perrette et Anne *Bourgougnon* filles à marier de feu Guy Bourgougnon dames chemières du fief et maison noble de Lorigné, et pour partie du fief de la Pasqueterie, parr. d'Aiffres.

Damoiselle Jehanne *Laurens* fille de feu noble Jacques *Lau-rens* sr de la Chaignée, lieutenant général et l'un des Echevins, dame du fief de la Rataudière parr. Ste-Pezenne; plus de la maison noble dite de Gorze, et terres de la Petite-Gannerie, parr. de St-Maxire, ressort et Election de Fontenay-le-Comte.

Dame Alienor *Rochereuil* fille de feu noble h. Bertrand Rochereuil vivant Eschevin, dame par une 6e partie du fief de Pallatreau parr. de Thorigné ressort de Civray, El. de St-Maixent; plus d'une maison dite la Grand-Maison noble de la Guigneraie avec ses appartenances, sise au village de la Guigneraie paroisse ressort et Election de St-Maixent.

Dame Jehanne *Bertheron* femme de noble homme Jacques Chargé sr des Puys et fille de noble homme Guillaume Ber-theron, q. v. E. de Nyort. — Dame à titre de succession dudit Bretheron son père d'une tierce partie du fief et maison noble de la Tousche paroisse de Baussay R. de Civray E. de St-Maixent — plus du fief Ratier et Torte-Voye sis à Suiremeau par. de Ste-Pezenne.

Fait par devant nous André Dabillon escuier sr de l'Imbau-dière ledit jour 28e d'aougst 1609.

DABILLON maire.   J. SYMON procureur syndicq.
                     J. PELLETIER secretaire.

N. h. André *Berland*, filz de feu n. h. Bernard Berland qui aussy fut filz de n. Jacques Berland, q. v. E., sᵣ des fiefs et maisons nobles de La Cour-d'Augé, de Bretignolles, de Beauchamp, de l'Houmeau, des Versières, Aironnières, des Moulins-Banniers de la paroisse de Sᵗ-Maxire — des fiefs d'Aunac, Sᵗ-Sauveur et de Flors, autrement des Malletz à la parr. de de Benetz — des fiefs et terres nobles de Genouillé, de la Chauvelle, de la Petite-Fougère et de la Navette — de la moitié du fief et terre noble de Chamaillard du Plessis-Laydet — des fiefs et terres nobles de Nyon et Taugon — de la moitié du fief de Sᵗ-Méard, ressort de Civray et de Melle.

N. h. Jehan *Berland* filz de feu n. h. Bernard Berland, cy-dessus sᵣ des fiefs d'Orion, de la Daroterie *alids* fief Pineau, parr. Sᵗ-Maxire.

N. h. Jacques *Berland* filz de deffunt Philippes Berland vivant filz dud. sᵣ Bernard Berland, qui aussi fut filz dudit Jacques Berland q. v. E. de Niort — sieur de la maison noble du Plessis et des fiefs de vigne appelés les Groix-Guérin, parr. Sᵗᵉ-Pezenne.

N. h. Philippe *Bastard* filz de deffunt noble Jehan Bastard, q. v. E.; sᵣ de la maison de la Coudardière parr. de Benet.

Dame Loyse *Coyault* vᵉ de noble homme Pierre Gavignac, et fille de feu n. h. André Coyault, qui fut filz de noble h. Gelais Coyault, q. v. E. — Dame des moulins nobles du Pissot et leurs appartenances et du fief de Bon-Appetit en ressort et Election dud. Nyort.

DABILLON maire.   J. SYMON.
                                      PELLETIER.

IV.

Aujourdhui trentiesme jour de juin mil six centz quarante trois, pardevant nous Francois Laurens escuier sieur de

Beaulieu Conseiller du Roy nostre Sire, President Lieutenant général civil et criminel Prevost-chastelain par réunion, commissaire examinateur au siège de Nyort, sont comparus le Maire, douze Eschevins et douze Conseillers jurés dudit Nyort ; lesquels pour l'absence de Monsieur le Seneschal nous ont requis acte de ce que en la convocation dernière du Ban et arrière-ban en l'an mil six cent trente cinq lesditz Maire, Eschevins et Conseillers se sont mis en armes et equipages ; et de fait ont servy le Roy audit ban et arrière-ban, scavoir :

Estienne Savignac, escuier, sieur du Vieux-Fourneau en personne.

Simon De Mairé, escuier, sieur de la Fraignée — resté pour estre caduc et valletudinaire aagé de soixante-sept ans.

Jean Bastard, escuier, sieur de la Melezerie aagé de 66 à 67 ans — a servy par Jean Bastard escuier sieur de Becgrolle son fils.

Guillaume Pastureau, escuier, sieur des Roches, aagé de 66 ans — par Guillaume Pastureau son fils, depuis mort en le service.

Louis Coyault
Jacques Laiguillier } en personnes.
Jacques Jouslard

Philippe Chalmot valletudinaire, aagé de 63 ans — par Pierre Chalmot sieur de Bois-Rousset à presant capitaine sur les gallaires.

Paul Chalmot en personne.

Pierre Thibault aagé de 71 ans par Pierre Thibault son fils, depuis capitaine au régiment de la Melleray.

Balthasard Monceau, en personne.

Jean Dabillon en personne.

Pierre Cochon en personne, et encore au siège de Corbie.

Jacques Chiton en personne.

Jacques Berlouin par le sieur de Mallemouche son fils, lieutenant d'une compagnie en Arras.

Jacques Jacquelin, lors maire, — dispensé par Mr de Parabère,
et à luy enjoint de demeurer à la garde de la ville, comme
aussi est resté à ladite garde.

Simon Texier
Jacques Coutocheau } se sont presentez pour servir.
Adam Goyard

Et en ce qui touche *Pierre Raccapé*

René Morin

et Pierre Leduc

ont estez pourveuz depuis ladite convocation, en la place
d'aultres Eschevins dont les Enfans ont servy le Roy : — Dont
avons ausdictz Maire et Eschevins octroyé acte pour leur
valloir et servir en temps et lieu ce que de raison, ensemble
de ce que despuis ladicte année trente-cincq il n'y a heu
d'aultre convocation de ban en Poictou. Donné et faict
auxdits : Laurens lieutenant general en la seneschaulcée de
Poictou audit siège, les jour et an susdictz.

Ainsi signé Laurans ; Faudry, commis greffier.

— *(Archives de la commune de Niort, n° 89.)*

Le comte de Parabère, chevalier des ordres du Roy, conseiller en son Conseil d'Etat, capitaine de cent hommes d'armes
de ses ordonnances, gouverneur et lieutenant général pour
Sa Majesté en ses provinces du Haut et Bas-Poitou, Chatelle-
reaudais et Loudunois.

Certiffions à tous ceux qu'il apartiendra que le Roy ayant

faict convoquer le Ban et arrière-ban de notre gouvernement
en l'année mil six cent trente-cinq, et qu'à cause des lon-
gueurs qui se rencontrent dans les formes ordinaires desdites
convocations Sa Majesté nous ayant commandé d'assembler le
plus grand nombre de gentilshommes qu'il nous seroit possible pour les conduire en son armée de Lorraine, les Maire,
Eschevins et Conseillers de la ville de Niort ci-après nommés
se trouvèrent près de nous avec armes et equipage pour faire
ce voyage et servir dans cette occasion, qui sont :

Etienne de Savignac, escuier, s^r de Vieux-Fourneau en
personne.

Jean Batard, s^r de Begrolle, pour Jean Batard sieur de la
Mellezerie son père.

Emanuel Angevir., s^r de la Roche-de-Crissé, fesant pour
François Angevin son père.

Guillaume Patureau, s^r de la Gatinerie, fesant pour Guillaume
Patureau, s^r des Roches son père.

Louis Couyaut, s^r de Ste-Marie en personne.

Jacques Laiguillier, escuyer, en personne.

Paul Chalmot, pour Paul Chalmot, s^r de Puy-Foulard son père.

Phelipes Chalmot, s^r de la Briaudière pour Pierre Chalmot
s^r de Bois-Rousset à présent capitaine au régiment des
galères.

Pierre Thibaut, s^r de la Roche par Pierre Thibault Dallery son
fils, à present capitaine au regiment de la Melleray.

Baltazart Manceau, s^r de la Renaudière, en personne.

Jean d'Abillon, s^r de Toullière en personne.

Pierre Cochon, s^r de Martigné, en personne.

Jacques Chiton, s^r de Montlaurier en personne.

Jacques Berlouin, s^r de la Voute par le s^r de Malmouche son filz, à present capitaine au regiment de la Melleraye.

Jacques Coutoucheau, s^r des Roches en personne.

Adam Goyart, s^r de la Grange-à-Mont, en personne.

Pierre Racapé, s^r de Galerni en personne.

Francois Assailly, s^r du Pieux en personne.

René Morin, s^r du Port-Laydet en personne.

Jacques Jacquelein, s^r de Ligré, lors maire, auquel fut enjoint par nous de demeurer audit Niort pour la garde de la ville.

Jacques Joullart, s^r de Chantecaille en personne.

Et à l'égard de *Francois Laurens*, s^r de Beaulieu lieutenant général, que nous l'avions dispensé à cause de l'exercice de sa charge; comme aussi vindrent avec nous *Pierre Viault*, s^r de la Clairvaudière, *Joseph Giraut*, s^r de la Bourrelière, *Jean Giraut*, s^r du Puy, *Pierre Giraudeau*, s^r de la Pigeonnerie.

Tous Ecuyers Echevins ou enfans d'iceux. Tous lesquels susnommés nous accompagnèrent audit voyage et plusieurs d'eux ont servi dans notre gouvernement en diverses occasions où ils ont été par nous employés pour le service de Sa Majesté.

En tesmoing de quoy nous leur avons fait expedier ce présent certificat pour leur servir ce que de raison. Faict à la Mothe-St-Heraye le dousième d'aout mil six cent quarante-trois.

PARABÈRE.   Par Monseigneur

BIROT.

(Archives de la commune de Niort, n° 100.)

V.

Aujourd'hui 15 fevrier 1667 au greffe et secretariat de l'hotel commune de ceste ville *Philippe Gaugaing* escuier s^r du Saule maire et capitaine de lad. ville a dist et déclaré qu'il entandait jouir des privileges de noblesse attribués à lad. communauté, et ce faisant vivre noblement comme les aultres gentilshommes du pays et en conséquence de servir le Roy en armes et chevaulx suivant et conformément auxdits privileges lors et au temps que les aultres gentilshommes de la province seront requis par Sa Majesté. Ph. Gaugaing maire.

VI.

Aujourd'hui 29 juillet 1667 au greffe et secretariat de l'hotel commune de ceste ville Jean *Le Roy* escuier, s^r des Forges a dist et déclaré qu'il entandait jouir dos privileges de noblesse attribués à lad. communauté, et ce faisant vivre noblement comme les aultres gentilshommes du pays et en conséquence de servir le Roy en armes et chevaulx suivant et conformément auxdits privileges lors et au temps que les aultres gentilshommes de la province seront requis par Sa Majesté. Ph. Gaugaing maire.

VII.

Election de St-Maixent. C. 13. — C. 49.

(Archives du département.)

Enregistrement à l'Election de St-Maixent des titres de noblesse de :

L. *Bellin*, E., seigneur de la Boutaudière.

L. *De la Blachière*, E., s^r de l'Isle.

Chalmot, E., seig^r de Ste-Ruffe et du Breuil-d'Aigonnay.

Clément, E., s^r de la Boatrie.

Janvre, s^r de Clinchamp.

Manceau, E., s^r de la Renandière.

C. 15.

TABLE DES MATIÈRES.

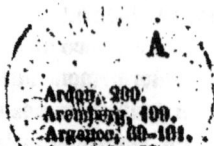

20

C

D

E

F

J

K

L

M

www.ingramcontent.com/pod-product-compliance
Lightning Source LLC
Chambersburg PA
CBHW070754270326
41927CB00010B/2135